CUATRO
LUNAS
DE
SANGRE

JOHN
HAGEE

WORTHY®
Latino

A ustedes...¡lectores!

Mi profunda gratitud a los millones que han elegido leer mis libros durante más de cuatro décadas en todo Estados Unidos y el mundo entero.

¡Gracias! Thank you! Danke! Merci! Grazie!

ÍNDICE

RECONOCIMIENTOS

Con toda mi gratitud y aprecio a mi esposa Diana;
mi asistente ejecutiva Jo-Ann; mi mecanógrafa Melissa;
mi editora Barbara Dycus; y al fabuloso personal
de Worthy Publishing.

PRIMERA SECCIÓN

SEÑALES EN LOS CIELOS

CAPÍTULO 1
Señales en los cielos

Entonces habrá señales en el sol, en la luna y en las estrellas ... Entonces verán al Hijo del Hombre, que vendrá en una nube con poder y gran gloria. Cuando estas cosas comiencen a suceder, erguíos y levantad vuestra cabeza, porque vuestra redención está cerca.

—Lucas 21.25, 27-28

El jet dibujaba un círculo en el aire mientras avanzaba sobre la majestuosa belleza del estrecho de Puget. Miré por la ventana y vi los altos pinos con su forma perfecta, rodeando una cantidad de destellantes lagos. A lo largo de la orilla había elegantes casas con rampas para los botes y muelles para pescar, prolongando los jardines meticulosos y verdes. Era el paraíso estadounidense del bello estado de Washington.

Las ruedas del jet tocaron la pista con ese chirrido característico que en mis oídos suena a música porque todo buen aterrizaje, para mí, ¡es genial!

El avión se detuvo y me desabroché el cinturón de seguridad. Bajé por la escalerilla y la fresca brisa logró despertarme del todo. ¡Supe entonces que estábamos bien lejos del abrasador calor de Texas! Empecé a enfocarme en la razón por la que estaba en ese lugar y lo que les diría a las miles de personas que se reunirían esa tarde para celebrar la «Noche en Honor a Israel» que se organizaba en el estado.

Seis años antes, el 6 de febrero de 2006, invité a cuatrocientos de los principales líderes evangélicos de la nación para que nos reuniéramos en la congregación Cornerstone Church de San Antonio, Texas, con el fin de formar una organización nacional llamada Christians United for Israel [Cristianos Unidos por Israel]. El propósito de nuestra organización es reunir a cristianos y judíos en una atmósfera de respeto mutuo y amor fraternal con el fin de enfatizar en lo que tenemos en común, que es mucho más que las diferencias que permitimos que nos separaran a lo largo de los siglos.

Si no eres miembro de Cristianos Unidos por Israel y quieres estar junto a Israel y el pueblo judío, te animo a que te unas a nosotros visitando CUFI.org.

El rey David dijo: «Te levantarás y tendrás misericordia de Sion, Porque es tiempo de tener misericordia de ella, porque el plazo ha llegado» (Salmos 102.13). ¡El momento señalado es *ahora*!

¿Por qué debemos apoyar a Israel?

Si hemos de comprender correctamente las señales y milagros celestiales es imperativo que entendamos el alcance pleno de las Escrituras y la historia. A continuación, expongo cinco razones bíblicas por las que los cristianos debemos agradecer a la nación de Israel y al pueblo judío, y mostrarles nuestro apoyo.

1. Dios promete bendecir a quienes bendigan a Israel

«Bendeciré a los que te bendijeren, y a los que te maldijeren maldeciré» (Génesis 12.3). Es la promesa de Dios a Abraham y a todo el pueblo judío, de generación en generación. Dios ha prometido bendecir a las naciones, iglesias y personas que realicen acciones concretas para bendecir a Israel y al pueblo judío.

Encontramos evidencia bíblica de la bendición que Dios prometió en Lucas 7, donde un centurión romano que tenía un sirviente enfermo quería que el Rabí de Nazaret fuera a su casa a sanar a su siervo. Jesús era un judío observante, pero tendría que violar la ley de Moisés para entrar en la casa de un gentil considerado impuro.

El centurión —que comandaba a soldados— envió a los ancianos judíos para que interceptaran a Jesús. Los ancianos le rogaron con sinceridad, diciendo que el pedido del centurión romano merecía la respuesta de Jesús con la sanidad del enfermo «porque ama a nuestra nación, y nos edificó una sinagoga» (Lucas 7.5).

Jesús sanó al siervo enfermo debido a que un gentil había actuado con bondad para bendecir a Israel y al pueblo judío.

Con la evidencia de Cornelio, la Biblia nos muestra también que Dios bendice a quienes bendicen a Israel. ¿Por qué Cornelio y su familia fueron los primeros gentiles en oír el evangelio y recibir el derramamiento del Espíritu Santo? Hallamos la respuesta en Hechos 10.22, que describe a Cornelio el centurión como «varón justo y temeroso de Dios, y que tiene buen testimonio en toda la nación de los judíos».

Dios hizo el milagro para motivar al apóstol Pedro a que fuera a la casa de un gentil impuro. Pedro tuvo una visión en la que miró una sábana (un manto de oración) llena de animales impuros (gentiles), y a Dios ordenándole que no llamara impuro lo que Dios había declarado puro (Hechos 10.9-16). Pedro obedeció el mensaje de la visión y, yendo en contra de la tradición religiosa, acudió a la casa del gentil para presentarle el evangelio.

Cuando Pedro les habló del evangelio a Cornelio y su familia, todos recibieron la salvación y fueron llenos del Espíritu Santo; entonces Pedro les mandó que se bautizaran en agua (Hechos 10.44-48).

Sobre Cornelio y su familia descendió el Espíritu Santo porque, como gentil, había actuado con bondad para bendecir al pueblo judío. Y Dios, fiel a su promesa, los bendijo en abundancia.

Puedo testificar particularmente que no hay explicación humana, puesto que es un hecho sin precedentes, para la bendición de Dios sobre la Iglesia Cornerstone y los ministerios John Hagee. Solo puedo señalar el hecho de que hace más de treinta años decidimos actuar en la práctica con bondad hacia Israel y el pueblo judío. Desde ese momento Dios ha abierto las ventanas del cielo, bendiciéndonos en abundancia.

La promesa de Dios es un hecho: «Bendeciré a los que te bendigan».

2. SE NOS MANDA ORAR POR LA PAZ DE JERUSALÉN

Que oremos por la paz de Jerusalén no es un pedido ¡es una orden! «Pedid por la paz de Jerusalén; Sean prosperados los que te aman» (Salmos 122.6).

Desde la perspectiva de Dios, Jerusalén es el centro del universo. Jerusalén es la ciudad que David conquistó hace tres mil años, el lugar donde habitaban los jebuseos, que desde entonces ha sido por siempre la capital de Israel. Que sea siempre la eterna capital de Israel, sin divisiones, y que haya paz dentro de sus murallas y prosperidad dentro de sus palacios (Salmos 122.7).

Jerusalén es el lugar donde Abraham ofreció a Isaac sobre el monte Moriah. Jerusalén es el lugar donde Jeremías e Isaías escribieron los principios de la rectitud y la justicia que se convirtieron en brújula moral para la civilización occidental. Y fuera de sus puertas, Jesucristo el Hijo de David, fue crucificado por los pecados del mundo.

Según la profecía bíblica, ¡Jerusalén es el pasado, el presente y el futuro del mundo! Desde esa ciudad Jesús gobernará al planeta tierra con vara de hierro y su reino allí será sin fin (Isaías 9.7; Lucas 1.33).

Cuando oras por Jerusalén estás orando por la paz del mundo. La historia demuestra que cuando hay paz en Jerusalén, hay paz en el mundo. Y cuando hay guerra en Jerusalén, corre la sangre en todo el planeta. El universo gira en torno a Jerusalén. Cito a mi amigo el doctor Graham Lacey: «Mientras esté Jerusalén, está Dios; y mientras esté Dios, estará Jerusalén».

3. SE NOS MANDA SER CENTINELAS SOBRE LAS MURALLAS DE JERUSALÉN

A través del profeta Isaías Dios nos manda que seamos centinelas sobre las murallas de Jerusalén (62.6). Dios nos manda, por medio del profeta Isaías, que hablemos y defendamos a Israel y al pueblo judío cuando se les difame, cuando sus enemigos los ataquen, cuando sean sometidos a cualquier acto de cruel antisemitismo. Isaías escribe:

Por amor de Sion no callaré, y por amor de Jerusalén no descansaré… Sobre tus muros, oh Jerusalén, he puesto guardas; todo el día y toda la noche no callarán jamás. Los que os acordáis de Jehová, no reposéis.

(62.1, 6)

4. Se nos manda ministrar a Israel en lo material

El apóstol Pablo nos brinda otra de las razones bíblicas para apoyar a Israel. «Porque si los gentiles han sido hechos participantes de sus bienes espirituales, deben también ellos ministrarles de los materiales» (Romanos 15.27).

¿Cuáles son las bendiciones espirituales a las que hace referencia Pablo?

- El pueblo judío nos ha dado la Palabra escrita de Dios.
- El pueblo judío nos ha dado a los patriarcas: Abraham, Isaac y Jacob.
- El pueblo judío nos ha dado los profetas del Antiguo Testamento: Ezequiel, Isaías, Jeremías, Daniel, Oseas, Joel, Amós, Abdías, Jonás, Miqueas, Nahum, Habacuc, Sofonías, Hageo, Zacarías y Malaquías.
- El pueblo judío nos ha dado la primera familia cristiana: María, José y Jesús. Si sacas a Jesús del cristianismo, no hay tal cosa.
- El pueblo judío nos ha dado los doce discípulos y al apóstol Pablo.

Considera el monumental aporte que nos ha dado la simiente de Abraham. Por esa razón Jesús dijo en Juan 4.22: «la salvación viene de los judíos».

Si quitas los aportes judíos al cristianismo, no habría cristianismo. El judaísmo no necesita del cristianismo para explicar su existencia pero el cristianismo no puede explicar su existencia sin el judaísmo.

Cuando me refiero al cristianismo hago referencia a las enseñanzas de Cristo, que se basaban en los principios del judaísmo. No hablo del cristianismo histórico y contaminado.

El cristianismo histórico ha dejado un legado de maldad. Es el responsable de las cruzadas en las que se mataron judíos desde Europa a Jerusalén en siete grandes pogromos (cruzadas). El Papa Urbano II instauró la primera cruzada en 1095. Los cruzados eran violadores y ladrones a quienes el Papa reinante perdonaba por adelantado todo pecado que pudieran cometer durante su santa campaña para liberar a Jerusalén de los «infieles».

Ni un solo cristiano de cada cien puede responder a esta pregunta: «¿Cómo es que el cristianismo nacido de las enseñanzas de un rabí judío nombrado Jesús de Nazaret pudo matar judíos trescientos años después, en nombre de Dios?».

Hay una enorme diferencia entre el cristianismo histórico y las enseñanzas de Jesucristo. Declaro públicamente que no soy seguidor del cristianismo histórico. ¡Soy seguidor de Jesucristo!

5. Jesús le pidió a la Iglesia que apoyara a Israel
Tenemos que apoyar a Israel y al pueblo judío porque ese fue el último pedido de Jesús a su iglesia. Él dijo en Mateo 25.40:

De cierto os digo que en cuanto lo hicisteis a uno de estos *mis hermanos* [el pueblo judío] más pequeños, a mí lo hicisteis.

Jesús nunca llamó *hermanos suyos* a los gentiles sino hasta después de la cruz. Antes de la cruz estábamos, como lo describe el apóstol Pablo, fuera de los pactos de Israel, sin Dios y sin esperanza, entre los más miserables de toda la humanidad (Efesios 2.12; 1 Corintios 15.19).

Los cristianos gentiles pueden mirar al día de la cruz y gritar gozosos. Fue allí que se nos injertó en el olivo original (Romanos 11.17). Fue allí que se nos perdonaron nuestros pecados, donde fueron echados y sepultados en lo más profundo del mar para no recordarlos nunca más (Jeremías 31.34). Fue allí que se eliminó nuestra enfermedad y recibimos salud divina, ya que «por su llaga fuimos nosotros curados» (Isaías 53.5).

Fue en la cruz que Jesús tomó nuestra pobreza y nos dio las riquezas de Abraham. Nosotros, que no éramos «pueblo» (1 Pedro 2.10) fuimos adoptados y hechos «reyes y sacerdotes para Dios, su Padre» (Apocalipsis 1.6), «embajadores en nombre de Cristo» (2 Corintios 5.20), llevados de los andrajos a la realeza por medio de la preciosa sangre del nacido de una virgen, «unigénito Hijo de Dios» (Juan 3.18). Rota quedó la maldición de la muerte, el infierno, la tumba y se nos dio la vida eterna: ¡Aleluya por la cruz!

La misión gentil de Dios con el pueblo judío consiste en mostrarles lo que no han visto del cristianismo histórico en dos mil años: ¡*el amor puro e incondicional de Dios!*

Así alumbre vuestra luz delante de los hombres, para

que vean vuestras buenas obras [acciones bondadosas concretas], y glorifiquen a vuestro Padre que está en los cielos. (MATEO 5.16)

Jesús dijo: «Porque tuve hambre, y me disteis de comer; tuve sed, y me disteis de beber; fui forastero, y me recogisteis; estuve desnudo, y me cubristeis; enfermo, y me visitasteis; en la cárcel, y vinisteis a mí» (Mateo 25.35-36).

Jesús deja bien en claro que la prueba de fuego no es lo que sientas respecto del pueblo judío, porque no dijo: «Porque tuve hambre y ustedes *se compadecieron de mí*; tuve sed y *se lamentaron por mí*; fui forastero y *me tuvieron lástima*». A menudo oigo decir a pastores, evangelistas y otros creyentes: «Me gusta Israel de verdad» o «Me gusta el pueblo judío». A Jesús no podía importarle menos lo que te guste o disguste. Lo que él busca es la acción. ¿Qué harás? ¿Qué acciones bondadosas han hecho tú o tu iglesia para demostrar su amor por Israel, como lo menciona Mateo 25.40? ¿Qué *acciones* han llevado a cabo para apoyar a Israel?

Deja ya de hablar de lo que *sientes*… y empieza a *actuar*, con acciones bondadosas concretas hacia el pueblo escogido de Dios. En pocas palabras: «No me digas que me amas. ¡Muéstralo!».

CRISTIANOS UNIDOS POR ISRAEL

Cuando ese 6 de febrero de 2006 en la congregación Cornerstone Church, ante aquellos cuatrocientos líderes evangélicos, les pedí que se unieran a mí en un esfuerzo histórico por apoyar con amor, incondicionalmente, a Israel y al pueblo judío, esperaba un argumento teológico que hiciera que la batalla del Álamo se viera como una tarde de té en un jardín de Texas.

Pero ¡eso no sucedió! Al contrario, los líderes espirituales más influyentes de la nación acordaron mutuamente defender a Sion, hablando en su favor. Sin debates. Sin aristas por pulir. Sin que nadie argumentara: «Antes tenemos que aclarar nuestras diferencias, bla, bla, bla...». Nada de eso, fue un divino momento de unidad incondicional.

Al unísono declaramos que Israel tenía derecho a existir, derecho a asegurar fronteras que defendieran, derecho a defenderse contra cualquier enemigo. Las bendiciones que Dios prometió en el Salmo 133 se volvieron realidad. Al momento de enviar este libro a la imprenta Cristianos Unidos por Israel cuenta con más de 1.3 millones de miembros en los Estados Unidos y en naciones del mundo entero hay gente que anhela formar parte de esa voz de unidad entre judíos y cristianos.

¡Mirad cuán bueno y cuán delicioso es habitar los hermanos juntos en armonía! Es como el buen óleo sobre la cabeza, El cual desciende sobre la barba, la barba de Aarón, y baja hasta el borde de sus vestiduras; como el rocío de Hermón, que desciende sobre los montes de Sion; Porque allí envía Jehová bendición, y vida eterna.

(SALMOS 133)

Una de las bendiciones que me ha dado Cristianos Unidos por Israel es la cantidad de amistades nuevas con muchísimos pastores que se unieron bajo este estandarte en apoyo a Israel. Uno de ellos me dijo: «Pastor Hagee, esto es más que cristianos unidos por Israel. ¡Es Israel que une a los cristianos!».

Camino a El Shaddai

Seis años después que formáramos CUFI, Diana y yo esperábamos nuestra camioneta Suburban negra para ir hasta la cercana iglesia de la que era pastor Mark Biltz, de Ministerios El Shaddai, donde se realizaría la Noche en Honor a Israel. Vendrían líderes espirituales de toda la ciudad y el estado, para asistir a nuestra primera actividad en el estado de Washington. Se respiraba entusiasmo y esperanza.

Durante el trayecto hasta la iglesia aprecié la belleza de Puyallup, Washington, y el fresco de los días de verano. En Texas hace un calor tan insoportable en el mes de agosto que las lagartijas trepan por los conductos de las calderas porque allí está más fresco.

Llegamos a la iglesia, donde el pastor Mark Biltz nos recibió en la puerta de entrada junto con su personal, todos muy llenos de gracia. Era la primera vez que nos veíamos con el pastor Biltz. Jamás olvidaré ese momento.

A los pocos minutos estábamos hablando acerca de las siete fiestas de Israel y su relación con la primera y segunda venida del Señor. Pude ver que el pastor Biltz era un excelente académico de la Biblia que entendía las raíces judías del cristianismo como pocos.

Durante nuestra conversación me preguntó si había estudiado alguna vez al sol, la luna y las estrellas como origen de la revelación divina. Respondí con la verdad, sin titubear:

—No.

El pastor Biltz contestó de inmediato:

—¡Deberías hacerlo! Creo que Dios está tratando de hablarnos y ¡no lo escuchamos!

Entramos a la iglesia y no volví a pensar en nuestra conversación sobre el sol, la luna y las estrellas. Mi mente estaba concentrada en lo que les diría a las miles de personas que esperaban en el auditorio.

Esa noche, al subir al escenario con el pastor Biltz y el rabino Daniel Lapin —uno de los académicos de la Torá más reconocidos en los Estados Unidos—, estando reunidos allí para celebrar la Noche en Honor a Israel, escuché el sonido del shofar, poderoso y claro. Ese sonido que produce el aire al pasar por el shofar, largo... luego corto... dulce, con voz como de trueno, resonó potente en el auditorio, por lo que se me llenaron los ojos de lágrimas, aunque no soy un tipo llorón.

Al oír aquel sonido divino que hacía eco en todo el edificio completamente lleno, recordé las palabras del apóstol Pablo:

He aquí, os digo un misterio: No todos dormiremos; pero todos seremos transformados, en un momento, en un abrir y cerrar de ojos, a la final trompeta [el shofar]; porque se tocará la trompeta [el shofar], y los muertos serán resucitados incorruptibles, y nosotros seremos transformados.

(1 Corintios 15.51-52)

Cuando dejó de escucharse la hermosa música de esa noche el rabino Lapin dio un discurso que inspiró a todos. Luego habló el pastor Biltz, cuyo conocimiento bíblico sobre las siete fiestas y su mensaje para la iglesia de hoy fue sencillamente apabullante. Después me tocó presentar las razones bíblicas para que apoyemos a Israel. Esa noche maravillosa terminó con gozo, sin que nadie se opusiera, sin preocupaciones por la seguridad, sin siquiera un problema técnico de audio. ¡Fue una noche magnífica desde cualquier perspectiva!

A la mañana siguiente nuestro grupo abordó el avión con destino a la tierra del sol ardiente: San Antonio, Texas. Había estado en cuatro estados en tres días, dando cuatro discursos, posando para cientos de fotos y firmando una cantidad de libros que habrían roto los ejes de un camión con un remolque. Estábamos todos muy cansados debido a la actividad y la diferencia horaria.

Apenas despegó el avión y rugieron las turbinas, Diana se durmió como si estuviera acostada en uno de esos colchones especiales Posturepedic. Tengo que confesar que, aun en la mejor de las situaciones, me cuesta dormir… punto.

Particularmente, mi dormida más larga es de seis horas. Y necesito una habitación totalmente a oscuras, en silencio total, nada de ruido. En un avión que brinca en el aire por las turbulencias y a ochocientos kilómetros por hora, me siento como si montara un toro salvaje Brahman en el rodeo del Campeonato Nacional de Las Vegas.

Miré de reojo cómo dormía profundamente Diana y empecé a sentir que el resentimiento me invadía. Porque si el sueño profundo y prolongado garantiza una larga vida, creo que Diana llegará a los ciento veinte años, ¡*como mínimo*!

A medida que ascendíamos a los doce mil metros de altura, con los pilotos buscando una altitud en la que ya no hubiera turbulencias, ajusté mi cinturón de seguridad y pensé en lo que Jesús les había dicho a sus discípulos: «He aquí yo estoy con vosotros todos los días, hasta el fin del mundo» (Mateo 28.20).

En medio de aquella tormenta volví a pensar en la pregunta del pastor Mark: «¿Has pensado en el sol, la luna y las estrellas cuando estudias la profecía?». Como he escudriñado la Biblia durante cincuenta y cuatro años, y escrito varios libros sobre el tema de la profecía, mi mente es una base de datos de pasajes proféticos. Así que me acordé de Génesis 1.14, que declara que Dios creó el sol, la luna y las estrellas (señales) de los cielos.

LA ASTRONOMÍA Y LA ASTROLOGÍA

Como estaremos viendo la relación del sol, la luna y las estrellas con la Biblia y el pueblo de Israel, quiero evitar cualquier posible confusión aclarando cuál es la diferencia entre la astronomía y la astrología.

La *astronomía* es la ciencia que estudia los movimientos y posiciones de los planetas y las estrellas. Por ejemplo, la Estrella Polar no se mueve. Conocer su lugar en el cielo ha sido de ayuda a los capitanes de los barcos de los siete mares durante siglos. Dios Todopoderoso creó las estrellas y «a todas ellas llama por sus nombres» (Salmos 147.4).

La *astrología* es la adoración a las estrellas, lo cual es ocultismo y una práctica pagana. Y los que toman decisiones basándose en las estrellas buscan que las cosas creadas guíen su vida, mas no el Creador. Eso viola la ley del Dios Todopoderoso (Romanos 1.20-21; Éxodo 20.4).

En este libro, lo que digamos de las estrellas y la luna en cuanto a la profecía bíblica se basa en la Palabra de Dios, en la historia y en la ciencia de la astronomía, *jamás* se hace referencia a la astrología.

El gran aviso en alta definición de Dios

Al pensar en el sol, la luna y las estrellas como señales de dirección profética pensé en las palabras de Joel 2.30-31:

> Y daré prodigios en el cielo y en la tierra, sangre, y fuego, y columnas de humo.
> El sol se convertirá en tinieblas, y la luna en sangre, *antes que venga* el día grande y espantoso de Jehová.

Recordé que el apóstol Pedro el día de Pentecostés observó exactamente lo mismo, según lo registra Hechos 2.19-20:

> Y daré prodigios arriba en el cielo, y señales abajo en la tierra, sangre y fuego y vapor de humo; el sol se convertirá en tinieblas, y la luna en sangre, *antes que venga* el día del Señor, grande y manifiesto.

¿Qué significa en estos dos versículos la frase: *luna en sangre*? En mi investigación, más adelante, descubrí que este fenómeno astronómico se llama, de hecho, Luna de sangre. La luna de sangre se ve durante un eclipse lunar total. No es que la luna se convierta en sangre, sino que se ve roja, del color de la sangre.

Si hemos de ver todas estas maravillas en los cielos *antes que venga* El Señor, ¿cuánto antes de su venida las veremos? La Biblia no nos da más respuesta que las palabras de Jesús a sus discípulos:

> Pero del día y la hora nadie sabe, ni aun los ángeles de los cielos, sino sólo mi Padre. (MATEO 24.36)

Jesús dijo: «Entonces habrá señales en el sol, en la luna y en las estrellas, y en la tierra angustia de las gentes, confundidas a causa del bramido del mar … Cuando estas cosas comiencen a suceder, erguíos y levantad vuestra cabeza, porque vuestra redención está cerca» (Lucas 21.25-28).

En las palabras proféticas de Jesús a sus discípulos sobre el monte de los Olivos, declaró:

E inmediatamente después de la tribulación de aquellos días, «el sol se oscurecerá, y la luna no dará su resplandor, y las estrellas caerán del cielo, y las potencias de los cielos serán conmovidas». Entonces aparecerá la señal del Hijo del Hombre en el cielo; y entonces lamentarán todas las tribus de la tierra, y verán al Hijo del Hombre viniendo sobre las nubes del cielo, con poder y gran gloria.

(MATEO 24.29-30)

¿Qué tienen en común todas estas profecías? Que todas tienen que ver con señales específicas en los cielos, las cuales ¡antecederán los sucesos globales futuros! ¿Usa Dios al sol, la luna y las estrellas para comunicarse con nosotros? ¿Usa los cielos como su gigantesco cartel en alta definición para anunciar las cosas que vendrán?

La respuesta es *sí*, según Génesis 1.14, que dice:

Dijo luego Dios: Haya lumbreras en la expansión de los cielos para separar el día de la noche; y sirvan de *señales* para las estaciones, para días y años.

En hebreo, la palabra para señales es *owth*, que puede

también traducirse como «signos». Por eso, basándonos en la Biblia, Dios usa el sol, la luna y las estrellas como *señales* para la humanidad. Usa los cielos como su divino cartel para anunciar sucesos por venir.

¿Qué está tratando de decirnos Dios?

SEÑALES SOBRE RUSIA

Hacia el final de febrero de 2013 el mundo quedó asombrado cuando un meteorito ardiente explotó sobre Rusia. La NASA (Administración Nacional de Aeronáutica y del Espacio), de los Estados Unidos) informó que la roca de dieciséis metros de ancho que pesaba más o menos diez mil toneladas, había entrado en la atmósfera de la tierra a una velocidad de setenta mil kilómetros por hora.

La NASA calculó que la energía liberada por los meteoritos que se desintegraron en la atmósfera era de 500 kilotoneladas, unas treinta veces el tamaño de la bomba nuclear que cayó sobre Hiroshima en 1945.[1]

El meteoro de diez mil toneladas iluminó los cielos de Rusia antes de estrellarse contra la tierra causando ondas expansivas que lesionaron a mil doscientas personas y dañando miles de viviendas, en un hecho sin precedentes en estos tiempos modernos.

Un sacerdote que estaba cerca del lugar de la explosión dijo que era «un acto de Dios».[2] Es que una bola de fuego que viaja a setenta mil kilómetros por hora, con una larga cola blanca e incandescente que se ve a una distancia de treinta y ocho kilómetros, tiene que verse como *una señal del cielo*.

Juan el Revelador corre la cortina del futuro y revela con claridad que Dios usará señales en los cielos durante la Gran Tribulación para comunicar su ira con, y su juicio para, el mundo. Juan escribe:

> El segundo ángel tocó la trompeta, y como una gran montaña ardiendo en fuego fue precipitada en el mar; y la tercera parte del mar se convirtió en sangre … El tercer ángel tocó la trompeta, y cayó del cielo una gran estrella, ardiendo como una antorcha, y cayó sobre la tercera parte de los ríos, y sobre las fuentes de las aguas. Y el nombre de la estrella es Ajenjo. Y la tercera parte de las aguas se convirtió en ajenjo; y muchos hombres murieron a causa de esas aguas, porque se hicieron amargas.
>
> (APOCALIPSIS 8.8, 10-11)

Dios hará que se estremezca el mundo con «señales en los cielos» cuando destruya en persona a los ejércitos de Irán y Rusia que invaden Israel en la guerra de Gog-Magog anunciada en Ezequiel 38. Esta no será la primera vez. Dios mismo apedreó a los cinco ejércitos que atacaron a Israel en Josué 10:

> Y mientras iban huyendo de los israelitas ... Jehová
> arrojó desde el cielo grandes piedras sobre ellos hasta
> Azeca, y murieron; y fueron más los que murieron por
> las piedras del granizo, que los que los hijos de Israel
> mataron a espada (v. 11).

El meteorito que cayó en Rusia —la nación que juró que
Dios no existía— envió un mensaje sobrenatural —como por
FedEx—, que básicamente decía: Yo soy Dios y no hay nadie
como yo, ni arriba en los cielos ni abajo en la tierra. Soy Dios,
desde la eternidad y hasta la eternidad. (Esta verdad se basa en
Isaías 46.9 y el Salmo 41.13).

El hecho de que Dios hiciera caer piedras desde el cielo para
defender a Israel en Josué 10 es prueba viviente de que también
las utilizará como arma de guerra para aplastar a las fuerzas in-
vasoras de Irán y Rusia que ataquen a Israel. Y sucederá como lo
registra el profeta Ezequiel en el capítulo 38:

> Y yo litigaré contra él con pestilencia y con sangre; y
> haré llover sobre él, sobre sus tropas y sobre los mu-
> chos pueblos que están con él, impetuosa lluvia, y pie-
> dras de granizo, fuego y azufre ... y sabrán que yo soy
> Jehová (vv. 22-23).

¡Los enemigos de Israel están recibiendo señales de los cielos!

Señales del sol

En disertaciones recientes los científicos analizaron las inusuales señales de gigantescas erupciones solares.

Tariq Malike, editor en jefe de Space.com, informa:

El sol emitió una erupción monstruosa de plasma súper caliente el viernes [16 de noviembre de 2012] en medio de tormentas solares que captaron las cámaras de una nave de la NASA. La gigantesca erupción se conoce como prominencia solar, y ocurrió a la 1:00 A.M. EST (0600 GMT), seguida cuatro horas más tarde de otra.[3]

En una entrevista con George Norry en la radio nacional, el físico Michio Kaku declaró que le están preocupando mucho las recientes emisiones solares que indican que «el sol está de muy mal humor y su enojo va de peor en peor». Continuó: «Mi mayor temor es que alguna gran explosión solar golpee la tierra ¡porque se desataría el infierno!».[4]

Anteriormente, en una videoconferencia, el profesor Kaku había dicho: «Somos como patitos en fila, blancos dispuestos para las explosiones solares». Si una catastrófica explosión solar «sucediera hoy... arrasaría con casi todos nuestros satélites... anulando nuestros satélites meteorológicos, los sistemas de GPS, de telecomunicaciones, de Internet. Las instalaciones de energía serían blanco vulnerable, no solo en una ciudad sino simultáneamente en ciudades de todo el planeta tierra. Es probable que durante semanas no tuviéramos refrigeración... La sociedad tal como la conocemos retrocedería quizá unos cien años».[5]

El profesor Kaku confirma que el mundo está presenciando señales del sol y que estas aumentarán en frecuencia, hasta golpeando la tierra. Es solo cuestión de tiempo.

EL DESAFÍO

Diana despertó de su plácido y profundo sueño cuando las ruedas del jet tocaron la pista. Mi mente bullía con el anhelo de hallar respuestas al desafío de la pregunta del pastor Mark: «¿Has pensado en el sol, la luna y las estrellas al estudiar la profecía?». Me pregunté: «¿Estará usando Dios las señales del cielo para mostrarnos el mundo del mañana?».

Desembarqué y enseguida me recibió el abrasador calor del sol de Texas. Pensé: *¡La verdad es que ahora vendría bien un eclipse solar total!*

Mientras íbamos a casa para empezar a investigar sobre el sol, la luna, las estrellas y su relación con Israel en el pasado, el presente y el futuro, pensé en lo que dijo el rey David en los Salmos:

Los cielos cuentan la gloria de Dios, y el firmamento anuncia la obra de sus manos. Un día emite palabra a otro día, y una noche a otra noche *declara sabiduría. No hay lenguaje, ni palabras, ni es oída su voz.* Por toda la tierra salió su voz, y hasta el extremo del mundo *sus palabras.*

(19.1-4)

La historia del mundo está a punto de cambiar para siempre y Dios nos está enviando señales en su cartel de alta definición, hablándonos en los cielos, y usando las *Cuatro lunas de sangre.* La pregunta es esta: ¿estamos escuchando?

CAPÍTULO 2

La estrella de oriente

Porque su estrella hemos visto en el oriente,

y venimos a adorarle

—MATEO 2.2

¡Siempre me encanta volver a casa!

Hace años, cada vez que volvía me recibía la alegría de nuestros cinco hijos, contentos por ver a papá. Ahora todos están casados y Dios nos ha bendecido con trece nietos, de los más preciosos que pueda haber sobre la faz de la tierra. Somos muy afortunados porque nuestros cinco hijos y sus familias viven en la misma ciudad, así que cuando volvemos de un viaje siempre habrá varios nietos que pasen a darle un abrazo a Nana y a Papa.

¡*Me encanta* llegar a casa! Eché mis bolsos sobre la cama, me di una ducha para animarme, preparé café para estimular mi cuerpo endurecido y mi mente cansada.

Mientras se colaba el café me senté ante el escritorio de mi oficina, diseñada con maestría por Diana. Ella convirtió una habitación para ejercicios que yo casi ni usaba, en una oficina que ahora ¡uso demasiado! Me gusta mucho más leer que usar la cinta caminadora. Tengo más de cinco mil libros en mi biblioteca, con sus contenidos codificados, así que cuento con un océano de información con solo darle a una tecla de mi computadora. ¡Mi jornada estaba a punto de empezar!

Me senté tras el escritorio y busqué un anotador de esos que tienen cuadros para organizar de manera lógica y según los pasajes de la Biblia todo ese enjambre de ideas y pensamientos que bullían en mi cerebro. Toda nueva revelación de Dios tiene que ser firme, bíblica, ¡fuerte! Si la premisa básica en cualquier concepto nuevo tiene la más mínima cantidad de levadura, el resultado final estará *inflado*, lleno de aire caliente. Todo el que predique o enseñe la Biblia tiene un mandato de Pablo: «Predica la palabra» (2 Timoteo 4.2).

Empecé a estudiar las señales de los cielos con uno de los versículos más controversiales de la Biblia: «En el principio creó Dios los cielos y la tierra» (Génesis 1.1).

En el principio...

«En el principio» puede haber sido hace millones de años según el sistema humano con que medimos el tiempo. Si a tus hijos les enseñan que los científicos han hallado rocas que, según el método del carbono, datan de hace millones de años, el hallazgo de ninguna manera se opone a los tiempos de la creación de Dios. El reloj de Dios que mide los «Siete tiempos y las siete dispensaciones», no empieza a correr sino hasta Génesis 1.3. Las Escrituras dividen el período que va de la creación de Adán al «cielo nuevo y una nueva tierra» de Apocalipsis 21.1 en siete períodos desiguales que se conocen como dispensaciones (Efesios 3.2) o tiempos (Efesios 2.7).

Estos períodos van marcándose en las Escrituras mediante el método de Dios con su trato a la humanidad. Los siete tiempos y las siete dispensaciones son: la inocencia, la consciencia, el gobierno humano, la promesa, la ley, la gracia y el reino milenial de Cristo.

La palaba «creó» en hebreo es *bara,* que significa «hacer de la nada».[1] Dios no vino a una tierra ya establecida para reordenar lo que había aquí. Creó algo bellísimo, magnificente, asombrosamente maravilloso *¡a partir de nada!*

«Creó Dios los cielos…». La palabra *cielos* está en plural porque hay tres cielos en las Escrituras. El primer cielo, que vemos a ojo desnudo, donde están el sol, la luna y las estrellas.

El segundo cielo es donde tiene su trono Satanás. Dios conversa con Satanás en el segundo cielo (Job 1.6-8) y lo echa en el libro de Apocalipsis (20.1-3).

El apóstol Pablo hizo una visita guiada por el cielo eterno, al que llama «tercer cielo» (2 Corintios 12.2). Pablo, que pudo decir más en menos tiempo que cualquier autor de la historia que se conozca —después de ver la grandeza del cielo— simplemente dejó la siguiente descripción para las generaciones futuras:

> Cosas que ojo no vio, ni oído oyó, ni han subido en corazón de hombre, son las que Dios ha preparado para los que le aman.
>
> (1 Corintios 2.9)

Muchas veces oirás que alguien habla del séptimo cielo, el cual no existe a menos que viajes en lo etéreo ¡gracias a alguna droga!

¿Por qué es controversial Génesis 1.1? ¿Por qué odia este versículo el príncipe de las tinieblas y detesta todo concepto proveniente de este? Porque si no crees lo que dice Génesis 1.1 y no confías en el Espíritu Santo cuando te habla de la creación, ¿por qué confiarías en él cuando te habla del plan de salvación eterno del Padre para tu alma en Juan 3.16?

Si no crees Génesis 1.1, no tienes fundamento firme para creer en el resto de las Escrituras. No podrías creer que Dios dividió el Mar Rojo para Moisés ni que detuvo el sol por Josué ni, por supuesto, creerás que Dios controla al sol, la luna, las estrellas y crea señales para que aparezcan en los cielos en momentos específicos de la historia.

Si lo que dice la Palabra de Dios sobre la creación no es

verdad, ¿qué razón tendrías para creer su Palabra cuando afirma: «Clama a mí, y yo te responderé, y te enseñaré cosas grandes y ocultas que tú no conoces» (Jeremías 33.3)? Si Génesis 1.1 no es verdad, ¿por qué molestarte en creer el resto de la Palabra de Dios?

DIOS CONTROLA LOS CIELOS

Me pregunté mientras seguía investigando: *¿Qué evidencia hay en la Biblia de que Dios tiene el control total sobre el sol, la luna y las estrellas?*

Leí la historia de Josué y los hijos de Israel, atacados por los ejércitos de cinco reyes que intentaban aniquilar a los escogidos de Dios (Josué 10.1-3).

> Y Jehová dijo a Josué: No tengas temor de ellos; porque yo los he entregado en tu mano, y ninguno de ellos prevalecerá delante de ti. Y Josué vino a ellos de repente, habiendo subido toda la noche desde Gilgal. Y Jehová los llenó de consternación delante de Israel, y los hirió con gran mortandad en Gabaón … Y mientras iban huyendo de los israelitas, a la bajada de Bethorón, Jehová arrojó desde el cielo grandes piedras sobre ellos hasta Azeca, y murieron; y fueron más los que murieron por las piedras del granizo, que los que los hijos de Israel mataron a espada.
>
> (vv. 8-11)

Recuerda bien esta historia, porque volverá a todo color en la Guerra de Gog y Magog, de la que hablaremos más adelante en este libro. La historia de Josué continúa así:

> Entonces Josué habló a Jehová el día en que Jehová entregó al amorreo delante de los hijos de Israel, y dijo en presencia de los israelitas: Sol, detente en Gabaón; y tú, luna, en el valle de Ajalón. Y el sol se detuvo y la luna se paró, hasta que la gente se hubo vengado de sus enemigos. ¿No está escrito esto en el libro de Jaser? Y el sol se paró en medio del cielo, y no se apresuró a ponerse casi un día entero.
>
> (vv. 12-13)

Dios, el Creador del cielo y de la tierra, tomó el control absoluto del sol y de la luna, por lo cual ambos astros no se movieron «por casi un día entero» (v. 13). «Casi un día entero» serían más o menos veinticuatro horas.

El control completo que Dios tiene sobre el sol va más allá del poder mental humano como para que lo comprendamos. El sol supera en tamaño al planeta tierra 109 veces. En su núcleo la temperatura es de 15 millones de grados centígrados y, en la superficie, de 5.7 millones.[2]

El 31 de agosto [de 2012] el sol emitió una nube de plasma de 55 mil grados de calor a más de 1,400 kilómetros por segundo. El nuevo satélite solar de la NASA, el Observatorio Solar Dinámico, rastreó el gigantesco filamento, cuyo ancho equivalía a 30 planetas tierra.[3]

El Dios maravillosamente grande al que servimos, ¡creó y controla por completo a este sol potente!

En la historia de Ezequías tenemos más evidencia bíblica de que Dios controla por completo al ardiente sol. El profeta Isaías visitó al rey Ezequías y le dijo que iba a morir (2 Reyes 20.1). Si tu pastor, sacerdote o rabino viene a tu casa y te dice que Dios le anunció que morirías, ¡vas a querer cambiar de iglesia o sinagoga de inmediato!

Cuando Isaías le dio la mala noticia a Ezequías, este volvió el rostro hacia la pared y oró recordándole a Dios que había servido al Señor con fidelidad todos los días de su vida.

Dios oyó las peticiones de Ezequías y volvió a enviar al profeta Isaías para que le informara que no iba a morir. Al contrario, le añadió quince años de vida.

¡Medita en eso! El poder de la oración hizo que Dios cambiara de idea.

Era una buena noticia, aunque en la fe judía era común pedirle señales a Dios, por eso Ezequías lo hizo:

Y Ezequías había dicho a Isaías: ¿Qué señal tendré de que Jehová me sanará, y que subiré a la casa de Jehová al tercer día? Respondió Isaías: Esta señal tendrás de Jehová, de que hará Jehová esto que ha dicho: ¿Avanzará la sombra diez grados, o retrocederá diez grados? Y Ezequías respondió: Fácil cosa es que la sombra decline diez grados; pero no que la sombra vuelva atrás diez grados. Entonces el profeta Isaías clamó a Jehová; e hizo volver la sombra por los grados que había descendido en el reloj de Acaz, diez grados atrás.

(2 REYES 20.8-11)

Ezequías quería una señal sobrenatural, no una natural. Cuando Dios hizo que la sombra retrocediera diez grados, no solo detuvo el tiempo, lo revirtió. Hizo que el sol y el tiempo mismo retrocedieran. Eso es sobrenatural, eso es ¡control absoluto!

Creo que el tiempo exacto que le necesitaba Josué para ganar la batalla contra los cinco ejércitos que atacaban a Israel en Josué 10, y la cantidad de tiempo que retrocedió el sol como señal para Ezequías en 2 Reyes 20, equilibraron el reloj solar.

¡Eso es poder, amigos míos! ¡Ese es el tipo de Dios al que servimos!

LOS SABIOS QUE SIGUIERON A LA ESTRELLA

Reflexiona en la historia de los sabios que siguieron a la estrella que Dios envió y que buscaban al recién nacido Rey (Mateo 2.2). Herodes el Grande sintió terror cuando declararon que habían ido a adorar al «Rey de los judíos».

¿Quién era Herodes el Grande? Era el gobernante de la Tierra Santa bajo los romanos, cerca del año 40 A.C. Le decían *grande* porque fue el arquitecto maestro de muchos proyectos en Cesarea, Jericó, Masada y quien construyó la muralla alrededor de la antigua ciudad de Jerusalén, levantada mientras se edificaba el segundo Templo, que sigue hoy en pie.

Herodes también fue un loco malvado que asesinó a nueve de sus diez esposas solo por su paranoica sospecha de que le habían sido infieles. Herodes sabía que lo odiaban, por eso exigió que ejecutaran a su hijo el día en que él mismo muriera, para que Israel tuviera entonces razón para estar de duelo.

Herodes el Grande era el déspota endemoniado que ordenó la masacre de los inocentes, mandando ejecutar a todos los varoncitos judíos de Belén. Temía que el nacido rey de los judíos fuese una amenaza a su posición como monarca y le quitara el trono.

El gobierno corrupto de Herodes no soportaría una ola creciente de fiebre mesiánica en el pueblo judío. En ese tipo de atmósfera solían cocinarse las revueltas. Así que cuando los sabios declararon que habían ido a adorar al Rey de los judíos, Herodes convocó a su principal sacerdote para buscar un registro profético de algún niño que pudiera encajar con esa descripción. El sacerdote principal le trajo a Herodes los escritos del profeta Miqueas, que decían:

Pero tú, Belén Efrata, pequeña para estar entre las

familias de Judá, de ti me saldrá el que será Señor en Israel (5.2).

La clave de la búsqueda de los sabios

Los sabios entendían el significado de la profecía de Miqueas. Por eso, acudamos a la clave de las Escrituras acerca de la historia de Jacob el Patriarca para descubrir el vínculo entre la tribu de Judá y «el que gobernará a Israel».

Cuando en su lecho de muerte Jacob les daba la bendición profética a sus doce hijos, extendió la mano derecha y, poniéndola sobre la cabeza de Judá, dijo estas palabras:

> Cachorro de león, Judá … hijo mío … No será quitado el cetro de Judá, ni el legislador de entre sus pies, hasta que venga Siloh; y a él se congregarán los pueblos. Atando a la vid su pollino, y a la cepa el hijo de su asna, lavó en el vino su vestido, y en la sangre de uvas su manto.
>
> (GÉNESIS 49.9-11)

Esta es una de las profecías más profundas y significativas de la Biblia. Piensa en la clase de palabras de Jacob, a la sombra de lo que anunciaban y de la revelación de Jesucristo: «Cachorro de león, Judá» (v. 9), Jesucristo es «el León de la tribu de Judá» (Apocalipsis 5.5).

¿Qué es un cetro? (v. 10)

El cetro es la vara de oro de autoridad que sostiene el rey sentado en su trono, gobernando su reino. Dios Padre designó a Cristo su Hijo como heredero de todas las cosas. Él sostendrá el cetro de la justicia (Hebreos 1.1-8).

¿Quién es Shiloh? (v. 10)

Shiloh es el rey a quien pertenece el cetro y también es un lugar de reposo que hace referencia al «pacífico». Cristo será el único Gobernante que le dará reposo y tranquilidad a Israel y al mundo. Recordemos que Jesús dijo: «Venid a mí todos los que estáis trabajados y cargados, y yo os haré descansar» (Mateo 11.28).

Jacob está pintando una imagen profética para su hijo Judá, al describir al Hijo de Dios, Jesucristo, que cambiaría por siempre el destino de la humanidad.

Jesús no solo es de la tribu de Judá…

No solo sostienen sus manos clavadas el cetro por ser hijo de David, Mesías y Rey de reyes…

Jesucristo es no solo Shiloh…

Él también cumplió la profecía de Miqueas acerca del asno, enviar a sus discípulos a buscar el burro atado a la vid que Jesús montaría al entrar en Jerusalén el día de la Pascua (Marcos 11.2) justo antes de su crucifixión.

Y finalmente, Jesús lavó su ropa en vino.

En la Biblia el vino es símbolo de gozo. Jesús convirtió agua en vino en las bodas de Caná para que la fiesta fuera de completo gozo (Juan 2.1-11). «Lavó en el vino su vestido, y en la sangre de uvas su manto» (Génesis 49.11). Este versículo representa la imagen de Cristo aplastando a los enemigos de Israel, como cuando se pisan las uvas para hacer vino nuevo.

Lo que Jacob pronunció sobre Judá se aplica a nuestro Señor Jesús. Él es el Rey de todos los hijos de su Padre y el Conquistador de todos los enemigos de su Padre. Él es el León de la tribu de Judá. A él le pertenece el cetro porque es el dador de la ley. En él hay suficiente abundancia para alimentar y refrescar al alma humana, produciendo gozo sobrenatural.

La profecía sobre Jesús no empieza en Mateo. *Comienza en Génesis y su poder y precisión son apabullantes.*

Los magos siguieron a la estrella que les llevaría adonde estaba Jesús, la «Estrella» (Números 24.17), «la raíz y el linaje de David, la estrella resplandeciente de la mañana» (Apocalipsis 22.16).

¿Necesitas guía en tu vida? Sigue la estrella de Belén. Te llevará a Cristo. Los sabios le buscaron entonces y continúan siguiéndole hoy (Mateo 2.9).

Los relatos que acabamos de leer demuestran sin lugar a dudas que Dios tiene absoluto control del sol, la luna y las estrellas. Los ha usado en el pasado para enviar a la humanidad señales de que estaba por suceder algo *grande*. Los cielos siguen siendo el gran cartel de Dios, que sigue enviándonos señales en nuestros días. Pero, ¿le prestamos atención?

Señales en el sol, la luna y las estrellas

Hemos establecido que Dios, el Padre, habló a través de los profetas usando al sol, a la luna y a las estrellas. Luego envió a su Hijo a una misión terrenal para hablar de cosas que vendrían. ¿Habló Jesús sobre las señales de los cielos y la tierra? ¡Por supuesto!

Cuando los discípulos fueron al monte de los Olivos a preguntarle: «¿Cuándo serán estas cosas, y qué señal habrá de tu venida, y del fin del siglo?» (Mateo 24.3), Jesús les dijo que tuvieran cuidado de que nadie los engañara, que habría guerras y rumores de guerras, hambrunas, pestilencia, terremotos, ataque de los romanos contra Jerusalén y «porque habrá entonces gran tribulación, cual no la ha habido desde el principio del mundo hasta ahora [¿podría ser el holocausto?]» (v. 21). Dijo que «si aquellos días no fuesen acortados, nadie sería salvo; mas por causa de los escogidos, aquellos días serán acortados» (v. 22).

En Mateo 24.33 Jesús continuó diciendo: «Así también vosotros, cuando veáis todas estas cosas [estas señales físicas], conoced que [el tiempo de su redención, según Lucas 21.28] está cerca, a las puertas».

Jesús terminó su enseñanza a sus discípulos en ese momento, advirtiendo a todas las generaciones que no intentaran establecer una fecha exacta para su regreso (Mateo 24.36).

Aunque nos advirtió en cuanto a establecer una fecha específica, nos dijo que prestáramos atención a las señales de su venida. No solo les dio a sus doce discípulos la profecía de Mateo

24 sino que les dijo: «Habrá señales en el sol, en la luna y en las estrellas» (Lucas 21.25).

¡Eureka!

Aunque apliqué el estudio de las estrellas en relación a la creación y al nacimiento de Cristo todavía me faltaba descubrir la conexión que me había pedido el pastor Mark: ¿Qué vinculación tenían el sol, la luna y las estrellas con el estudio de la profecía?

Busqué en las Escrituras una nueva revelación, pensando en esa pregunta, y llegué a dos versículos que me lo decían ¡a gritos!

> El sol se convertirá en tinieblas, y la luna en sangre, antes que venga el día grande y espantoso de Jehová.
>
> (Joel 2.31)

> El sol se convertirá en tinieblas, y la luna en sangre, antes que venga el día del Señor, grande y manifiesto.
>
> (Hechos 2.20)

¿Qué tenían en común esos dos versículos? ¡Las lunas en sangre! Mi presión sanguínea subió, en mi mente se agolpaban más preguntas.

Sabía que tenían relación con la profecía, pero ¿qué estaban diciendo? ¿Qué era una luna en sangre? ¿Aparecieron ya? ¿Volverían a surgir? Encendí mi computadora y empecé a buscar evidencia científica que respaldara lo de las lunas de sangre. Tengo que confesar que no soy un genio con la computadora y que mi expedición me resultó exasperante.

Después de buscar más de una hora sin encontrar nada, estaba a punto de abandonar. Entonces se me ocurrió que quizá Dios estaba usando los cielos para enviar una señal a Israel y al pueblo judío. Así que hice una búsqueda avanzada: fui al sitio de la NASA y de repente ¡allí estaba! Las letras casi saltaban de la pantalla, y di un respingo, por el entusiasmo.

El sol, la luna y las estrellas *inconfundiblemente tienen relación con Israel y la profecía bíblica.* Fue esa relación la que inspiró este libro. Dios los usará para iluminar los cielos con un *mensaje urgente de alta prioridad* para toda la humanidad.

¿Qué nos está diciendo Dios?

¿Qué secreto guarda el pasado para el futuro?

¿Qué está por pasar en el planeta tierra?

Todo está a punto de cambiar… ¡para siempre!

Sigue leyendo porque este mensaje de Dios es tan urgente para *él* que de manera soberana ha ordenado al sol y la luna que se pongan en línea perfectamente, creando una tétrada, que son cuatro lunas de sangre consecutivas. No lo hizo solo una vez. Las tétradas vinculadas a la historia judía sucedieron solo tres veces en más de quinientos años. *Y ahora están por suceder por cuarta vez.*

Las lunas de sangre como señales celestiales no son las únicas señales proféticas de las cosas por venir. La Biblia también usa los patrones numéricos para enseñar verdades espirituales.

Dios mide con precisión el tiempo de la tierra. En el capítulo 3 vamos a examinar las profecías del pasado que nos sirven como guía para nuestro futuro inmediato en el año de Shemitá, que ocurre cada séptimo año o cada año sabático. Dios tiene un *tiempo* exacto *establecido* para todo lo que sucede.

El rey David escribió:

Te levantarás y tendrás misericordia de Sion, porque es tiempo de tener misericordia de ella, porque el plazo ha llegado.

(Salmos 102.13)

CAPÍTULO 3
Antes del juicio, la advertencia

¿A quién hablaré y amonestaré, para que oigan?
He aquí que sus oídos son incircuncisos,
y no pueden escuchar; he aquí que la palabra
de Jehová les es cosa vergonzosa, no la aman.

—JEREMÍAS 6.10

Antes de que sigamos avanzando en nuestra marcha quiero definir algunos términos a los que hago referencia a menudo, para que se entienda mejor el mensaje profético que Dios le está revelando a su pueblo.

Eclipse lunar

El eclipse lunar ocurre cuando la sombra de la tierra impide el reflejo de la luz del sol, que de otro modo se proyecta a la luna. El eclipse lunar total es el más espectacular. Cuando la sombra de la tierra cubre por completo a la luna, esta se vuelve roja durante la manifestación del eclipse total.

Luna de sangre

La *luna roja* es posible porque mientras la luna está bajo sombra absoluta (eclipse lunar total) parte de la luz del sol pasa por la atmósfera de la tierra y su deflexión llega a la luna. Si bien se bloquean otros colores del espectro, y se dispersan en la atmósfera terrestre, la luz roja llega hasta la luna. Debido al color nítido de la luna los científicos de la NASA suelen llamarla «Luna de color rojo sangre».[1]

Eclipse solar

El eclipse solar ocurre cuando la luna se interpone entre la tierra y el sol, cubriendo con su sombra a la tierra. Solo es posible el eclipse solar durante la fase de la luna nueva, cuando la luna pasa directamente entre el sol y la tierra, y su sombra cubre la superficie de la tierra.[2]

La Biblia describe con claridad tanto las lunas de sangre como un eclipse solar en Joel 2.30-31 y otro en Hechos 2.19-20, y Jesús los confirma en Mateo 24.29, diciendo: «E inmediatamente después de la tribulación de aquellos días, el sol se oscurecerá, y la luna no dará su resplandor, y las estrellas caerán del cielo, y las potencias de los cielos serán conmovidas».

La tétrada

Se define a la tétrada como cuatro eclipses lunares totales (lunas de sangre) que ocurren de manera consecutiva durante intervalos específicos de tiempo. Los eclipses lunares son relativamente comunes, aunque los eclipses lunares totales no lo son tanto. Una tétrada es algo que ocurre con muy poca frecuencia y con eclipse solar total en medio de la serie es todavía menos común. Además, solo ha habido tres tétradas vinculadas con la historia judía en los últimos quinientos años o más. ¡Eso es extremadamente extraño![3]

El calendario romano

El calendario romano o «pre-juliano» se creó durante la fundación de Roma y se cree que era un calendario lunar. Originalmente consistía de meses «huecos» con 29 días o de meses «llenos», de 30 días.

El calendario romano original, según dicen, fue un invento de Rómulo, el primer rey de Roma cerca del año 753 AEC (Antes de la Era Común). El calendario comenzaba el año en marzo (Martius) y consistía de 10 meses, con 6 meses de 30 días y 4 de 31. No se asignaba un mes al invierno por lo que el año calendario solo duraba 304 días, y los restantes 61 se adjudicaban al invierno.[4]

EL CALENDARIO JULIANO

Julio César introdujo el calendario juliano en reemplazo del romano en el año 45 AEC. Tiene un año común de 365 días, divididos en 12 meses y con un día de más en el mes de febrero cada cuatro años (año bisiesto), con lo cual la duración promedio del año juliano es de 365,25 días.[5]

EL CALENDARIO GREGORIANO

El calendario gregoriano es el que hoy se acepta internacionalmente, conocido también como «calendario occidental» o «calendario cristiano». Lleva el nombre del Papa Gregorio XIII, que fue quien lo introdujo, reformando en 1582 el calendario juliano.

Es un calendario estrictamente solar que se basa en un año común de 365 días divididos en 12 meses de duración irregular. Cada mes tiene 30 o 31 días, y hay un mes de 28 en años comunes.[6]

EL CALENDARIO JUDÍO

El calendario judío o hebreo se basa en tres fenómenos astronómicos: la rotación de la tierra sobre su eje (un día); la rotación de la luna alrededor de la tierra (un mes); y la de la tierra alrededor del sol (un año).

En promedio, la luna gira en torno a la tierra cada 29.5 días. La tierra gira en torno al sol cada 365.25 días, o 12.4 meses lunares.

El calendario judío coordina estos tres fenómenos astronómicos. El calendario que usa casi todo el mundo ha abandonado toda correlación entre los ciclos de la luna y los meses, ¡pero el pueblo escogido de Dios no lo hizo!

LIBRO DE LOS SIETES

La Biblia es un libro de números muy sofisticados y exactos. Tomemos por ejemplo Génesis 1.1: «En el principio creó Dios los cielos y la tierra».

Hay siete palabras hebreas en esta oración. Y veintiocho letras hebreas en esas siete palabras. Cuatro por siete es igual a veintiocho. En la numerología bíblica el cuatro representa a la tierra y el siete es el número de lo completo. Por eso, el mensaje matemático de Génesis 1.1 es que al final de Génesis 1.1 Dios había creado un mundo perfecto.

La Biblia es un libro de sietes. Hay siete días en la creación. Dios trabajó seis días y descansó el séptimo día. Por medio de este planeamiento cronológico Dios estaba diciendo que habría seis días de mil años y que el séptimo día sería de glorioso y perfecto descanso, conocido como el «Reino del Milenio». La Segunda Carta de Pedro 3.8 confirma los tiempos de Dios: «para con el Señor un día es como mil años, y mil años como un día».

Sigamos con el concepto de la Biblia como libro de sietes. El apóstol Juan se dirige a las siete iglesias de Asia (Apocalipsis 2—3). En el libro de Apocalipsis hay siete sellos, siete trompetas y siete copas que pronuncian los juicios de la Gran Tribulación.

Hay:

- Siete días en cada semana (Génesis 2.2).

- Siete edades y dispensaciones (Génesis 1.3 hasta Apocalipsis 21.1).

- 7 x 7 = 49, año del Jubileo, tiempo de total restauración (Levítico 25.8-12).

- 49 x 10 = 490; Dios hace algo, en la Biblia, que cambia el curso de la historia cada 490 años.

El doctor Clarence Larkin presenta un brillante y extenso estudio sobre el tema de los *sietes* de la Biblia, en su libro *Dispensational Truth*.

Larkin establece el año de nacimiento de Abraham en 2111 A.C.; pasaron 490 años (70 x 7) hasta el éxodo de Israel tras la liberación de la esclavitud de Egipto.[7]

Fueron en verdad 505 años pero, durante quince años —según Génesis 16.16 y Génesis 21.15— Abraham consideró que Ismael era la simiente prometida. Aunque, en efecto, tal simiente era Isaac. Dios no contó esos quince años porque la simiente prometida no había llegado todavía. Como dije antes, Dios establece sus propios tiempos.

Desde el Éxodo hasta la dedicación del Templo de Salomón pasaron 490 años, según la cuenta de los tiempos de Dios. El hecho histórico es que, durante ese período, Dios permitió que capturaran a Israel seis veces, por un total de 111 años. Cuando Israel sale de esa tierra, ¡Dios deja de contar el tiempo!

Desde la dedicación del Templo de Salomón hasta el edicto de Artajerjes mandando reconstruir las murallas de Jerusalén pasaron 490 años, sin contar los setenta años que Israel pasó cautivo en Babilonia. Una vez más, Israel no estaba en su tierra y ¡Dios dejó de contar el tiempo!

Desde el edicto de Artajerjes hasta la venida de Cristo pasaron 490 años. Desde el año 47 al 537 pasaron 490 años; desde el 537 al 1027 pasaron 490 años; desde el 1027 al 1517 son 490 años. Por lo que sabemos, esos intervalos de 490 años entre los años 47 al 1517 guardan silencio, nada importante ocurrió. Su valor bíblico es que continúa la cronología que nos lleva a la Reforma y la invasión turca de Israel, en 1517.

Dios usa el número 7 para medir el tiempo y los juicios, lo que nos lleva al año Shemitá, que ocurre cada siete años.

EL AÑO DE SHEMITÁ

Shemitá es el año sabático, el que se da cada siete años. *Shemitá* es «Sabbat» o sábado para la tierra de Israel. Eso significa «descanso» para la tierra, parecido al reposo del pueblo judío cada séptimo día (Levítico 25.4).

Si la observancia del Shemitá garantiza una cosecha abundante, el caso contrario lleva al juicio. Jeremías anunció que el pueblo judío sería exiliado porque no habían observado el año sabático de la tierra, dejándola descansar (Jeremías 17.4). Cuando el pueblo judío violó la ley del Shemitá, Dios les exilió durante setenta años hasta que la tierra «disfrutó de su descanso sabático» (2 Crónicas 36.19-21).

La tradición judía enseña que el exilio es la pena por los tres pecados cardinales: asesinato, idolatría, inmoralidad sexual y ¡por no guardar las leyes del Shemitá! El próximo Shemitá es en el año 2015, en que también aparecen las últimas cuatro lunas de sangre en línea con las fiestas del Señor, de este siglo.

ESTADOS UNIDOS BAJO JUICIO

En Estados Unidos el juicio por violar el Shemitá no se vincula a la tierra de Israel sino a nuestra desobediencia como nación a la Palabra de Dios. Porque le damos nuestra lealtad a los ídolos de la autoindulgencia y la codicia, de modo que nuestra inmoralidad se equipara con la de Sodoma y Gomorra.

El año 2001 fue un año Shemitá. ¿Qué pasó en los EE.UU. ese año? El 11 de septiembre de 2001 sufrimos el primer ataque a nuestra nación desde que los ingleses incendiaran la Casa Blanca en 1813. (El ataque de los japoneses a Pearl Harbor ocurrió antes de que Hawái se hiciera estado de la Unión Americana.)

Unos extremistas terroristas islámicos que llegaron a nuestro país secuestraron tres aviones comerciales usando cuchillas para cortar cartón y los hicieron estrellarse contra las Torres Gemelas de Nueva York, el Pentágono y un campo de Pensilvania, matando a casi tres mil ciudadanos nuestros y aplastando la ilusión de que esta nación jamás sería atacada —en nuestro propio suelo— por una potencia extranjera invasora. El 11 de septiembre de 2011 será recordado por siempre como el nuevo «Día de la Infamia de los Estados Unidos».

Sumemos siete años al 2001 y llegamos al 2008, otro año de Shemitá. ¿Qué pasó en los EE.UU. ese año? El *Wall Street Journal* informó[8] que el colapso de la economía estadounidense comenzó hacia fines de noviembre de 2007, y sus resultados se hicieron obvios y dolorosamente reales cuando la bolsa de valores cayó 777 puntos el 29 de septiembre de 2008.

¿Qué es lo siguiente?

El próximo año de Shemitá será en 2014-2015, que ocurrirá dentro de la serie de las próximas cuatro lunas de sangre.

Dios siempre les envía una advertencia a las naciones antes de enviar su juicio. ¿Estamos escuchando?

¿Estarán en guerra los Estados Unidos? ¿Se derrumbará la montaña de deudas de los EE.UU., destruyendo al dólar? ¿Volverán a atacar a nuestra nación los terroristas con una fuerza que haga que el 11 de septiembre palidezca en comparación?

El ataque a las Torres Gemelas fue el 11 de septiembre de 2001.

La caída de Wall Street fue el 29 de septiembre de 2008.

La próxima tétrada concluirá en septiembre de 2015, y el año de Shemitá coincide con esa fecha. ¿Habrá una crisis, como antes? ¿De qué suceso estremecedor se tratará esta vez?

Hay algo que sí sabemos: ¡las cosas van a cambiar para siempre!

La autoridad absoluta de la profecía

Al hablar de las señales de los tiempos necesitamos hallar a alguien que sea una autoridad absoluta en cuanto a profecía bíblica, a alguien que siempre diga lo correcto, que no se equivoque, que jamás haya tenido que cambiar lo que dicen sus profecías. Bueno… he encontrado a ese *Alguien*: ¡La Palabra viva!

Él es la Palabra que «se hizo hombre y habitó entre nosotros»:

> Y aquel Verbo fue hecho carne, y habitó entre nosotros (y vimos su gloria, gloria como del unigénito del Padre), lleno de gracia y de verdad.
>
> (Juan 1.14)

Jesús llevó a sus doce discípulos a las laderas del monte de los Olivos y allí les dio la columna vertebral de la profecía. Era todo lo que necesitaban saber, desde ese momento hasta su gloriosa Segunda Venida.

Hablaremos de la columna vertebral de la profecía en el capítulo 4.

LA COLUMNA VERTEBRAL DE LA PROFECÍA

CAPÍTULO 4
La columna vertebral de la profecía

¡Jerusalén, Jerusalén, que matas a los profetas, y apedreas a los que te son enviados! ¡Cuántas veces quise juntar a tus hijos, como la gallina junta sus polluelos debajo de las alas, y no quisiste!

—MATEO 23.37

La columna vertebral del cuerpo humano es la serie articulada de treinta y tres vértebras que van desde la base del cráneo hasta el coxis. Es el pilar de soporte de nuestro cuerpo físico, divinamente creado. Si se desplaza o disloca una sola vértebra, todo el cuerpo empieza a sufrir de inmediato. Si se dislocan dos, el cuerpo queda incapacitado y hace falta una operación. En muchos aspectos la columna vertebral determina la salud de todo el cuerpo.

Por eso elegí el título «La columna vertebral de la profecía» para este capítulo de gran importancia. Mientras cada una de las vértebras proféticas esté en su lugar, cada una de ellas producirá paz y confianza respecto de nuestro futuro y el del mundo. Pero si se distorsiona un solo elemento (una sola vértebra) de la profecía, empezamos a sufrir espiritualmente. Y si más de un elemento se disloca y tu teología se tuerce, hará falta un ajuste bíblico para corregirlo.

Antes de que podamos comprender bien el significado de las próximas cuatro lunas de sangre tenemos que saber y entender la columna vertebral de la profecía bíblica respecto del fin del mundo tal como lo conocemos. Veamos más de cerca el capítulo 24 de Mateo para revelar el bosquejo de lo que vendrá.

El Autor de Mateo 24 es el único Maestro de la profecía que haya vivido jamás, Jesucristo, el Hijo de Dios, el Hijo de David, nuestro Rey y nuestro Redentor. Vamos con Jesús, el Rabí y los doce discípulos a su conferencia sobre profecía en el monte de los Olivos.

La conferencia sobre profecía

En ese escenario que se forma como imagen en tu mente regresa conmigo dos mil años al momento en que Jesús de Nazaret guía a sus doce discípulos hacia el monte de los Olivos, al salir del majestuoso templo de Jerusalén.

Ellos cruzan el valle de Cedrón y empiezan a ascender las rocosas laderas del monte donde hay antiguos olivos que han sido testigos de profecías bíblicas cumplidas a lo largo de los siglos. Van subiendo hasta un claro, el ánimo que se respira es sombrío porque los discípulos están empezando a sentir que su futuro es incierto.

Jesús se sienta sobre una roca grande bajo la sombra de un árbol muy grande y la brisa fresca ondea sus cabellos despejando su rostro. El Maestro está sentado en el mismo lugar en el que el profeta Zacarías había predicho que estaría el Mesías cuando viniera a establecer su reino eterno (14.4).

Los discípulos se acercan más: es el momento que Jesús eligió para hablarles del futuro, precisamente de la columna vertebral de la profecía.

Los Doce estaban muy ansiosos porque Jesús les había dicho con claridad que iba a morir (Mateo 16.21; 17.23; 20.18-19). Hasta entonces habían tenido absoluta certeza de que Jesús establecería un reino eterno *ya* y que ellos ocuparían doce tronos para juzgar a las doce tribus de Israel *ya mismo* (Mateo 19.28-29).

¿Qué quería decir entonces Jesús con ese pronóstico?

Los discípulos estaban tan seguros de que el glorioso reino vendría mientras ellos estuvieran vivos que dos de ellos tenían a su madre intercediendo ante Jesús, en cuanto a quién preferiría que se sentara a su diestra (posición de poder) y quién a su lado izquierdo.

Cuando el Señor les informó a aquellos hombres decididos

que moriría, el entusiasmo que tenían sus ambiciosos discípulos se esfumó enseguida. Lo que querían eran diademas, coronas, ¡no muerte!

Y para colmo, Jesús acababa de incitar a los líderes judíos al llamarlos «hipócritas» públicamente (Mateo 23.13). Jesús les dijo a los escribas y fariseos que cuando ganaban algún prosélito «le hacéis dos veces más hijo del infierno que vosotros» (v. 15). Los acusó de ser «insensatos y ciegos» (vv. 17, 19), y «¡Guías ciegos, que coláis el mosquito, y tragáis el camello!» (v. 24).

Este sermón candente dirigido a la elite de Israel —la del orden religioso establecido—, continuó con Jesús señalándolos con su dedo y diciéndoles ante sus rostros cenicientos: «Limpiáis lo de fuera del vaso y del plato, pero por dentro estáis llenos de robo y de injusticia» (v. 25). Los llamó «sepulcros blanqueados ... llenos de huesos de muertos y de toda inmundicia» (v. 27), culpables de ser «cómplices [sus antepasados] ... en la sangre de los profetas» (23.30). Jesús les dijo: «¡Serpientes, generación de víboras! ¿Cómo escaparéis de la condenación del infierno?» (v. 33). Es obvio que Jesús no había leído el libro *Cómo ganar amigos e influir en las personas*.

No había, como en nuestras iglesias, un órgano sonando con la melodía de «Tal como soy» como música de fondo; además, Jesús no pedía que levantaran la mano los convictos de pecado. Nadie le sacaba fotos para aparecer en su revista mensual de milagros. Jesús no llevaba una gran cruz de diamantes colgando del cuello, ni un anillo costoso en el dedo. No había una limusina esperándolo en algún rincón, para sacarlo a toda velocidad de allí antes de que sus fanáticos le acosaran para adorarle.

La verdad es que Jesús era un hombre de aspecto tan común que Judas tuvo que darle un beso para identificarlo ante los soldados romanos en el jardín de Getsemaní. Los escribas y los fariseos sintieron mucha rabia contra ese bandido Rabí de Nazaret que se atrevía a poner en duda su santidad, denunciándolos por pomposos sin límites y ofendiendo su gigantesco orgullo religioso.

Hoy, ese mismo orgullo religioso sigue allí, en los sermones de tantos clérigos del siglo veintiuno que predican una mezcla de psicología pop y cháchara más que evangelio. Su propósito es hacer que quienes les escuchan *se sientan bien*, en vez de instarlos a que *hagan el bien*. Esos mensajeros de nuestros tiempos modernos se preocupan más por su reputación que por ganar almas. Lo que les hace falta es captar el espíritu de Jesús que registra el libro de Mateo.

La trampa de Satanás

«De toda ceguedad de corazón; de soberbia, vanagloria e hipocresía; de envidia, odio y mala voluntad; y de toda falta de caridad, líbranos, buen Señor».[1]

¡La soberbia es la trampa de Satanás!

El espíritu que hizo que Adán y Eva pecaran contra Dios fue el orgullo. Preferían acusarse mutuamente antes que arrepentirse de su desobediencia. El espíritu que hizo que Caín matara a Abel fue el orgullo. Y el espíritu que hizo que Israel siguiera a otros dioses también fue el orgullo. El espíritu que envió a Jesús a la cruz... ese que acechaba en el corazón de cada uno de los fariseos... era el espíritu del orgullo autojactancioso.

Ese mismo espíritu demoníaco está destruyendo a los Estados Unidos. Nos engaña para que creamos que sabemos cómo vivir y llevar a nuestra nación adelante, mejor que Dios. Los EE.UU. están equivocando el camino y en nuestro orgullo y vanagloria nos negamos a cambiar de rumbo.

> Antes del quebrantamiento es la soberbia, y antes de la caída la altivez de espíritu. (PROVERBIOS 16.18)

La soberbia es esa hinchazón que hace que tu corazón solo pueda contener tu propia importancia. Ella me eleva para que te mire desde arriba. Es un cáncer espiritual que devora familias, destruye matrimonios, divide iglesias y corrompe gobiernos. Es lo que hace que la mitad de los líderes y jefes de nuestro país se miren al espejo cada mañana y canten: «¡Viva el jefe!».

La soberbia u orgullo tiene sus raíces en la idolatría. Es que adoras a tu propia persona. No necesitas de tu esposa, tu esposo ni tus hijos. Ni siquiera necesitas a Dios, puesto que el dios de tu mundo ¡eres tú!

El orgullo es una cizaña ponzoñosa que crece en todo tipo de terreno, sin que haga falta regarla o cuidarla. Consume y mata todo lo que toque.

Si no fuera por el orgullo o soberbia los ángeles que están en el infierno estarían en el cielo.

Si no fuera por el orgullo Nabucodonosor, que acabó comiendo hierba con las vacas en el bosque, podría haber estado en su palacio real.

Si no fuera por el orgullo los fariseos habrían recibido a Jesucristo con la misma libertad que sus discípulos. Pero las penetrantes palabras del Nazareno les llegaron a los huesos a los jactanciosos líderes religiosos, por lo que entonces empezaron a planear ¡cómo asesinar al Hijo de Dios! No te olvides nunca de esto: A Jesús lo mató el orgullo de los arrogantes y santurrones líderes religiosos de la iglesia reconocida de Jerusalén.

El orgullo es un cáncer que todo lo mata, que mata a todas las personas que toca. ¿Está en tu iglesia? ¿En tu familia? ¿En ti? ¡Échalo fuera ahora mismo! Está en juego tu supervivencia espiritual.

Estados Unidos ha caído en la trampa de la autoindulgencia y su futuro como nación está en juego. Nuestros fundamentos morales y espirituales están siendo destruidos muy rápidamente. Nuestra arrogancia va produciendo un estado socialista que a la larga se está convirtiendo en nuestro dios. El *estado* de las cosas, el *ánimo* de nuestro pueblo, ha creado una nación que busca en el gobierno la respuesta a nuestros problemas cuando la única respuesta posible está en lo siguiente: «Padre nuestro que estás en los cielos».

La mayoría de los estadounidenses votan para vivir más que trabajar para tal fin. ¡El trabajo es una idea genial! Dios trabajó seis días en la creación y en los Diez Mandamientos ordenó a todos los seres humanos que trabajaran seis días. En nuestro arrogante orgullo le estamos diciendo a Dios Todopoderoso: «No nos haces falta».

¡Despierta, nación! ¡Vamos por el camino equivocado!

EL TEMPLO DESTRUIDO POR LOS ROMANOS

Jesús prosiguió con su conferencia sobre profecía y señaló al magnífico templo diciendo: «¿Veis todo esto? De cierto os digo, que no quedará aquí piedra sobre piedra, que no sea derribada» (Mateo 24.2).

Esta afirmación del Maestro mataba los sueños de los Doce. Porque si ese templo glorioso que se había construido a lo largo de cuarenta y seis años iba a ser destruido piedra a piedra por un ejército invasor, entonces no habría ningún reino glorioso en el futuro.

He viajado a Israel treinta y cinco veces y en cada visita he visto el único muro que quedó después del sitio de los romanos. Es el muro occidental del templo. Las piedras de ese muro, dicen los guías, pesan hasta cuatrocientas toneladas. Son piedras de verdad enormes.

Y exactamente, tal como lo profetizara Jesús, cuando los romanos tomaron Jerusalén a solo cuatro años de haberse completado la construcción del templo, lo destruyeron. La invasión del ejército romano destruyó mucho más que el templo; según el historiador Josefo aproximadamente un millón de judíos murieron, asesinados o a causa del hambre, durante esa masacre romana.[2] Los judíos que habitaban Jerusalén y que sobrevivieron a ese sitio cruel huyeron y se dispersaron por las naciones del mundo, lo cual dio inicio a lo que la historia llama la Diáspora.

Cuando los discípulos miraban esa estructura impresionante, les resultaba imposible creer lo que Jesús decía sobre su destrucción. Pero el día 9 de Av, fecha que una y otra vez demostró ser fatídica en la historia del pueblo judío, el templo ya no estaba.

Día trágico, el 9 de Av

Av es el quinto mes del año judío.[3] El 9 de Av es un día infame para el pueblo judío porque en esa fatídica fecha acaecieron muchas tragedias. Eso demuestra, más allá de toda duda razonable, que la historia *sí* se repite. Repasemos algunas de las tragedias judías acontecidas el 9 de Av:

- Los hijos de Israel se negaron a entrar en la Tierra Prometida, lo que causó que esa generación muriera en el desierto (Números 14).
- La primera destrucción del templo (423 A.C.).
- La segunda destrucción del templo (69 D.C.).
- El Papa Urbano II declaró la Primera Cruzada (1095 D.C.).
- El pueblo judío fue expulsado de Inglaterra (1290 D.C.).
- El pueblo judío fue expulsado de España (1492).

- Comenzaron a funcionar las cámaras de gases en Treblinka, Polonia (1942).

¿Son coincidencias? ¿O volverá a repetirse la historia?

CAPÍTULO 5
¿Cuándo serán estas cosas?

Y estando él sentado en el monte de los Olivos,
los discípulos se le acercaron aparte, diciendo:
Dinos, ¿cuándo serán estas cosas, y qué señal
habrá de tu venida, y del fin del siglo?

—MATEO 24.3

Ahora los doce discípulos van entendiendo: Jesús será asesinado, tal como lo anunció. No habrá reino glorioso mientras ellos vivan, en el que puedan gobernar sentados en doce tronos. El templo sería destruido y la nación de Israel dispersada.

¿Qué vendría entonces?

Los discípulos formularon tres preguntas para aclarar cuál sería el futuro de Israel y el pueblo judío:

1. «¿Cuándo sucederá eso?».
2. «¿Cuál será la señal de tu venida?».
3. «¿[Cuál será la señal] del fin del mundo?».

El «fin del mundo» es la Segunda Venida de Cristo, no el rapto de la iglesia. Hoy muchos preguntan cuáles son las señales que han de cumplirse antes de que pueda suceder el rapto o arrebatamiento de la iglesia. Y la respuesta es ¡ninguna! El rapto de la iglesia de Jesucristo es inminente. Podría pasar antes de que termines de leer esta página.

Las opiniones teológicas sobre Mateo 24 son tan numerosas como las estrellas del cielo. Estoy presentando Mateo 24 desde la posición de un premilenarista, lo cual significa que creo que Jesucristo vendrá por su iglesia en un suceso conocido como el Rapto, antes de los siete años de la Gran Tribulación que encabezará el anticristo.

Después de la Gran Tribulación será la Segunda Venida de Cristo, según Apocalipsis 19.11-16. Cristo regresará a esta tierra seguido por los ejércitos de los cielos. Destruirá a los enemigos de Israel que lo atacaron en la batalla de Armagedón. Regresará al monte de los Olivos, luego cruzará el valle del Cedrón y entrará por la puerta oriental de la ciudad de Jerusalén, donde establecerá su reino eterno sobre el monte del templo, cuyo reino no tendrá fin.

Jesús les estaba dando la columna vertebral de la profecía principalmente a los judíos. Yo presento Mateo 24.1-14 como señales generales de su regreso. Recordemos que tenemos aquí a un Rabí *judío* que les habla a doce discípulos *judíos* sobre el futuro del pueblo *judío*. Mateo 24.15 y los versículos siguientes registran las señales específicas de su Segunda Venida.

LOS ROMANOS DESTRUYEN A JERUSALÉN

Mirando a sus confundidos discípulos a la cara, Jesús les advirtió que en el futuro inmediato un ejército invasor rodearía y destruiría a la sagrada ciudad de Jerusalén.

> Por tanto, cuando veáis en el lugar santo «la abominación desoladora» de que habló el profeta Daniel (el que lee, entienda), entonces los que estén en Judea, huyan a los montes. (MATEO 24.15-16)

Los discípulos pensaron en las palabras del profeta Daniel que había profetizado sobre la desolación que caería sobre Jerusalén (9.27). También predijo que Jerusalén sería atacada por cuatro imperios mundiales: los babilonios, los medopersas, los griegos bajo Alejandro Magno y, por último, los romanos (Daniel 2.31-45).

Solo puedo imaginar lo que esa noticia aterradora significaba para los discípulos. Esos hombres estaban viendo una ciudad floreciente en la que el templo conformaba el punto central de su sociedad. ¿Cómo iba a ser destruida esa bella ciudad?

Aunque fuera increíble, la destrucción de Jerusalén ocurrió.

JOSEFO EL HISTORIADOR

Josefo era un sacerdote, un soldado y un estudioso de la historia que nació en Jerusalén el año 37 D.C., unos años después de la época de Jesús y durante el período en que Roma ocupaba la tierra de los judíos. Josefo, testigo de la destrucción de la ciudad de Jerusalén y el santo templo, escribió la crónica de los sucesos de la guerra.

En sus escritos Josefo registró escenas de terror, como la de madres que se comían a sus bebés que habían muerto de hambre. La siguiente lista incluye algunas de las partes del relato que hizo Josefo acerca del asedio y la destrucción de Jerusalén, entre marzo y septiembre del año 70 D.C.:

- Después de que comenzara el acoso romano, los ciudadanos judíos vendieron sus posesiones a cambio de oro y se tragaban las monedas de oro para esconderlas mientras escapaban de los invasores. Se difundió el rumor de que todos los desertores estaban llenos de oro. Los árabes y los sirios cortaban en dos a los que escapaban de la ciudad. «En una sola noche, abrieron a cuchilla a no menos de dos mil».

- Los romanos capturaban a los que huían de la ciudad,

unos 500 por día. A los prisioneros los torturaban, los crucificaban y los mataban para intimidar al resto de la gente del pueblo. Se cita a Tito, que dijo: «Eran tantos que no había espacio para las cruces, ni alcanzaban las cruces para los cuerpos».

- Tito bloqueó la ciudad para que no pudieran ingresar provisiones ni alimentos. Ya sin esperanzas de escapar, dentro de la ciudad, la hambruna hizo estragos. Los muertos no se sepultaban y los cadáveres se apilaban.

- Al prisionero Mannaeus ben Lazarus los romanos lo asignaron como centinela de una de las puertas de la ciudad. Contó 115,880 cuerpos de personas que habían muerto durante el asedio y que se sacaban por esa puerta. Dentro de la ciudad, se informaba que la cantidad total de muertos de las clases más bajas llegaba a 600,000.

- Eran tantas las víctimas de la hambruna que ya no se podían contar los muertos. Como perros rabiosos, la gente iba de casa en casa buscando algo que comer. Masticaban el cuero de los zapatos y también el pasto.

- Josefo brinda el relato de la destrucción, el incendio y el ruido, como testigo ocular. «Uno habría imaginado que la colina del templo hervía desde la base, porque todo era una masa de llamas, aunque el río de sangre era más copioso que estas». Observó que fue el mismo día y mes en que los babilonios quemaron el primer templo: el 9 de Av.

- Los romanos llevaron sus estandartes (símbolos de sus dioses) dentro del templo y les ofrecieron sacrificios.
- Los romanos tomaron el dominio de toda la ciudad, plantaron sus estandartes en las murallas y saquearon todo lo que podían. Toda Jerusalén ardía en llamas.
- Tito ordenó que se arrasara con la ciudad entera y con el templo; que quedaran solo las torres más altas y una porción del muro occidental.

Jesús profetizó ese horror mientras llevaba su cruz por las calles de Jerusalén y veía a las madres judías llorando por su crucifixión.

Hijas de Jerusalén, no lloréis por mí, sino llorad por vosotras mismas y por vuestros hijos. Porque he aquí vendrán días en que dirán: Bienaventuradas las estériles, y los vientres que no concibieron, y los pechos que no criaron.

(Lucas 23.28-29)

¡Jesús veía el futuro! Veía a las legiones romanas que rodearían a Jerusalén, que destruirían la Ciudad Santa y el templo. Veía el horror indecible y la tragedia horrorosa que infligirían el general Tito y la Décima Legión romana en el año 70 D.C.

Cuando los romanos destruyeron Jerusalén se cumplió la primera parte del discurso de Jesús en el monte de los Olivos.

Jerusalén, la ciudad de Dios

Jerusalén no se parece a ninguna otra ciudad de la tierra; el mundo gira en torno a Jerusalén. ¡Jerusalén es la ciudad de Dios! «Porque Jehová ha elegido a Sion; la quiso por habitación para sí» (Salmos 132.13).

> Grande es Jehová, y digno de ser en gran manera alabado en la ciudad de nuestro Dios, en su monte santo. Hermosa provincia, el gozo de toda la tierra, es el monte de Sion, a los lados del norte, la ciudad del gran Rey … en la ciudad de nuestro Dios; la afirmará Dios para siempre.
>
> (Salmos 48.1-2, 8)

Jerusalén es el lugar donde Abraham puso a Isaac sobre un altar para sacrificarlo, probando su amor y su lealtad a Dios Todopoderoso. Siglos más tarde, en esa misma montaña, ataron a Jesucristo a la cruz por voluntad de Dios su Padre; por lo que sacrificó su vida para redimirnos. Ese fue el cumplimiento absoluto de las palabras de Abraham, «Jehová Jireh» que significan: «Jehová proveerá» (Génesis 22.12-14).

Jerusalén es el lugar en donde Jeremías e Isaías escribieron los principios de la rectitud y la justicia, los que se convirtieron en fundamentos morales y espirituales de la civilización occidental.

El rey David conquistó Jerusalén hace tres mil años cuando él y sus hombres fuertes y valientes echaron a los jebuseos que practicaban lo oculto. Jerusalén vuelve a ser la capital eterna sin divisiones de la nación de Israel, que así sea por siempre.

> Si me olvidare de ti, oh Jerusalén,
> Pierda mi diestra su destreza.
> Mi lengua se pegue a mi paladar,
> Si de ti no me acordare;
> Si no enalteciere a Jerusalén
> Como preferente asunto de mi alegría.

(SALMOS 137.5-6)

En estos versículos David intenta describir su completa devoción a la Ciudad de Dios. David estaba dispuesto a sacrificar su vida como salmista si olvidaba poner por encima de sí mismo a su amada ciudad puesto que en ese momento la vida para él ya no tendría sentido.

Jerusalén fue la ciudad en la que circuncidaron a Jesús en el templo a los ocho días de haber nacido, y donde celebró su bar mitzvah al cumplir los trece años. Es donde Jesús celebró su última Pascua con los Doce en el aposento alto, y donde fue traicionado por Judas.

Jerusalén fue la ciudad donde lo arrestaron, juzgaron y sentenciaron, como resultado de una conspiración romana entre los fariseos y el sumo sacerdote.

Jerusalén es donde le dieron treinta y nueve azotes y le pusieron una corona de espinas, mientras los escupitajos romanos rodaban por su santo rostro hasta el manto púrpura que pusieron sobre su espalda ensangrentada para burlarse.

Afuera, tras las murallas de Jerusalén, Jesucristo fue crucificado con ladrones, para redención nuestra. Jerusalén fue donde murió Jesús por nuestros pecados.

Jerusalén fue donde él resucitó de una tumba prestada y se convirtió en la primicia de la resurrección. Porque él vive, también nosotros viviremos. ¡Aleluya!

Como veremos en los capítulos que siguen, Jerusalén será atacada por el anticristo (Zacarías 14.1-2). Pero esta vez, el León de la tribu de Judá triunfará por sobre todos los enemigos de Jerusalén.

Lo más importante es que Jerusalén es la ciudad a la que Jesús regresará. Gobernará desde Jerusalén. Cuando el Mesías, el Hijo de David, Jesucristo de Nazaret, el Cordero de Dios, se siente en su santo trono, las naciones del mundo, incluyéndonos a ti y a mí, irán a Jerusalén para celebrar la fiesta de los tabernáculos (Zacarías 14.16-18).

La luna se avergonzará, y el sol se confundirá, cuando Jehová de los ejércitos reine en el monte de Sion y en Jerusalén, y delante de sus ancianos sea glorioso.

(ISAÍAS 24.23)

Jerusalén seguirá siendo el centro del universo ¡en el futuro del mundo!

CAPÍTULO 6
En cuanto al rapto o arrebatamiento

Porque el Señor mismo con voz de mando, con voz
de arcángel, y con trompeta de Dios, descenderá del
cielo; y los muertos en Cristo resucitarán primero.
Luego nosotros los que vivimos, los que hayamos
quedado, seremos arrebatados juntamente con ellos
en las nubes para recibir al Señor en el aire,
y así estaremos siempre con el Señor.

—1 Tesalonicenses 4.16-17

Jesús advirtió a sus discípulos que prevalecería el engaño antes que regresara. Sus discípulos luchaban con el hecho de que
no vendría el reino glorioso mientras ellos tuvieran vida, ni

entendían cómo iba a morir igual que cualquier hombre común y corriente aquel Nazareno que obraba milagros. ¡Roma sí era todopoderosa *después de todo*!

Satanás es el maestro del engaño. Se presenta como ángel de luz cuando en verdad es el príncipe de las tinieblas. Príncipe es uno que tiene autoridad limitada de un reino en particular. Y solo hay dos reinos: el de la luz y el de la oscuridad o las tinieblas. Tú estás en uno de esos dos reinos en este mismo instante.

Satanás tiene autoridad en el reino de las tinieblas y su misión es «robar, matar y destruir» (Juan 10.10), a ti y a tus seres amados. La única forma de salir del reino de las tinieblas es aceptando a Jesucristo, la Luz del mundo, como tu Salvador y Señor.

La Palabra hablada de Dios, divina proclamación basada en las Escrituras, es la que rompe la autoridad del imperio de las tinieblas. La Biblia dice: « Y ellos le han vencido por medio de la sangre del Cordero y de la palabra del testimonio [proclamación] de ellos» (Apocalipsis 12.11).

Satanás, el maestro de la mentira, viene como lobo disfrazado de oveja. Él y sus mensajeros se presentan como mansos y humildes pero su objetivo final es destruirte. Satanás es una serpiente mortal, es maestro del engaño y el disfraz. Puede permanecer al acecho sin que nadie lo note ni lo vea, perfectamente camuflado con apariencia de indefenso hasta que clava sus colmillos filosos muy profundo en tu carne e inocula en tus venas su veneno mortal.

El engaño de Satanás hace estragos en este siglo veintiuno.

Somos la generación que necesita un abogado en una mano y un contador en la otra para «confiar, pero verificando todo primero». ¿Quién cree lo que dicen los políticos? Aquella generación en la que la palabra de uno era un contrato ya no existe. Ha muerto.

Jesús les dio esta advertencia a sus discípulos ya que cuando aparezca el anticristo en el período de la tribulación, ese será un día de engaño. El anticristo vendrá como príncipe de paz pero bañará en sangre al mundo. Hará tratados que no tiene intención de honrar. Se presentará como un zar económico y demostrará ser un dictador mundial.

En 2 Pedro 2.1, el apóstol advierte a la iglesia:

Pero hubo también falsos profetas entre el pueblo, como habrá entre vosotros falsos maestros, que introducirán encubiertamente herejías destructoras, y aun negarán al Señor que los rescató, atrayendo sobre sí mismos destrucción repentina.

Hoy hay falsos profetas que han abandonado los valores tradicionales a cambio del mensaje de lo que es políticamente correcto. Su mensaje e intención es hacer que la gente se sienta bien sin que sean buenos, dominar el ritual sin llegar a ser rectos y justos, conformarse a sus pecados sin confesarlos.

Han olvidado que el apóstol Pablo mandó: «Predica la palabra» (2 Timoteo 4.2). Olvidaron las palabras inmortales de

Dietrich Bonhoeffer, pastor luterano cuya pasión por la verdad le llevó a confrontar a Adolf Hitler y a Alemania:

> El silencio ante la cara del mal es el mal mismo. Dios no nos contará como libres de culpa. No hablar es una forma de hablar. No actuar es una forma de actuar.[1]

Los EE.UU. están plagados de falsos profetas. El que presente el evangelio de Jesucristo y no enseñe ni predique la Palabra de Dios literalmente es un falso profeta. Te animo a hacer lo que dijo Pablo: «Reconozcáis a los que trabajan entre vosotros, y os presiden en el Señor, y os amonestan» (1 Tesalonicenses 5.12) y a que te niegues a seguir de manera alguna a esos lobos disfrazados de corderos, maestros del engaño y la mentira en nuestra generación.

Hoy algunos de esos falsos profetas están enseñando que no habrá rapto o arrebatamiento de la iglesia. ¿Qué dice la Palabra de Dios? ¿Por qué es de extrema importancia que conozcas la verdad acerca de esta doctrina?

La verdad: El Rapto viene

Jesús les dijo a sus discípulos en el monte de los Olivos:

> Velad, pues, en todo tiempo orando que seáis tenidos por dignos de escapar de todas estas cosas que vendrán, y de estar en pie delante del Hijo del Hombre.
>
> (Lucas 21.36)

El mensaje es muy claro: si no estás vigilante esperando su venida no se te contará como para que «puedas escapar de todo lo que está por suceder» durante la Gran Tribulación. Es que si no estás esperándolo, ¡no vendrá por ti!

Si te engañan para que creas que no habrá rapto, prepárate para ponerte en la fila de aquellos a los que el anticristo va a tatuar. Si te niegas a que te pongan su marca, ¡te cortará la cabeza! Bueno... ¿ahora sí te interesa oír acerca del rapto?

El apóstol Pablo dice con toda claridad que si no estás esperando a Jesús no te irás con él en el rapto. Mira:

Y aparecerá por segunda vez ... para salvar a los que le esperan.   (Hebreos 9.28)

Si Jesús va a volver, ¿por qué sería ahora? La Biblia dice:

Sabiendo primero esto, que en los postreros días vendrán burladores, andando según sus propias concupiscencias, y diciendo: ¿Dónde está la promesa de su advenimiento? Porque desde el día en que los padres durmieron, todas las cosas permanecen así como desde el principio de la creación.

(2 Pedro 3.3-4)

El hecho de que haya quienes no crean que Cristo regresará es prueba viva y al mismo tiempo constituye evidencia bíblica de que el rapto de la iglesia es inminente. Si escuchas con atención, podrás oír los pasos del Mesías... en puntas de pie por las nubes del cielo.

¡Prepárate! ¡El rey viene!

Pablo describe el Rapto en sus cartas a los creyentes de Corinto y Tesalónica, diciendo:

1. «A la final trompeta»... (1 Corintios 15.52), y «Porque el Señor mismo ... descenderá del cielo» (1 Tesalonicenses 4.16).

2. «No todos dormiremos; pero todos seremos transformados» (1 Corintios 15.51) y «los muertos en Cristo resucitarán primero» (1 Tesalonicenses 4.16).

3. «En un momento, en un abrir y cerrar de ojos ... los muertos serán resucitados» (1 Corintios 15.52) y «Luego nosotros los que vivimos, los que hayamos quedado, seremos arrebatados juntamente con ellos en las nubes para recibir al Señor en el aire, y así estaremos siempre con el Señor» (1 Tesalonicenses 4.17).

¿Ha sido llevado alguien al cielo antes de morir? La respuesta es sí... *¡dos veces!*

Enoc, el padre de Jared, «caminó ... con Dios, y desapareció, porque le llevó Dios» (Génesis 5.24).

El profeta Elías fue llevado al cielo en un carro de fuego (2 Reyes 2.11). Ha estado allí miles de años y regresará a la tierra en la Gran Tribulación como mensajero al pueblo judío para anunciarles que viene el Mesías.

Piensa también en Jesucristo, que fue al cielo cuarenta días después de resucitar de entre los muertos. Ascendió a los cielos desde el monte de la Transfiguración, ante los ojos de sus discípulos. Resucitó el 16 de Nisán, fiesta de las primicias. En su resurrección él es la primicia de los millones que irán con él en el rapto de la iglesia.

El siguiente versículo nos pinta una imagen de Jesucristo, el Príncipe de gloria, que aparece de repente en los cielos:

> Varones galileos, ¿por qué estáis mirando al cielo? Este mismo Jesús, que ha sido tomado de vosotros al cielo, así vendrá como le habéis visto ir al cielo.
>
> (HECHOS 1.11)

Cuando llegue el momento sonará la trompeta de Dios anunciando la aparición de la realeza puesto que él es el Príncipe de paz, Rey de reyes y Señor de señores. Vendrá en las nubes para quienes están esperando su gloriosa venida. ¡Miremos hacia arriba, amigos, porque el Rey viene!

EL JESÚS REAL

Si no crees en el Rapto tal como lo describe la Biblia, un arrebatamiento en que los creyentes se encuentran con el Señor en el aire, ¿cómo podrás saber cuando venga a la tierra el verdadero Jesús?

Cualquiera puede pararse en el monte de los Olivos y decir: «Soy Jesús». Cualquiera puede ponerse una túnica blanca y afirmar que es descendiente del rey David. Cualquiera puede hacer que sus seguidores le coronen rey del «Nuevo Israel» sobre el monte del templo de Jerusalén. Cualquiera puede, con cirugías, hacerse cicatrices en las manos y los pies. Incluso el falso profeta del anticristo hará que hable una estatua y realizará otros milagros también.

¡Ese no es el Jesús real! ¡Es un impostor! ¡Un fraude! Es el engaño satánico del que habló Jesús en Mateo 24.5 y 11.

Dios sabía desde el principio mismo que vendrían impostores y farsantes que afirmarían ser Cristo, engañando a muchos, «si fuere posible, aun a los escogidos» (Mateo 24.24). Jesús afirmó: «Entonces, si alguno os dijere: Mirad, aquí está el Cristo, o mirad, allí está, no lo creáis» (v. 23).

En una ocasión un miembro de la iglesia me dijo:

—Pastor, una señora dijo que iba conduciendo en California y que de repente Jesús se apareció en el auto con ella. ¿Qué le parece?

—Te diré lo que me parece: ¡No lo creo!

Jesucristo no está en California, en Nueva York o en Roma. Está sentado a la diestra de Dios Padre, y allí estará hasta que Gabriel haga sonar la trompeta para llamar a los muertos en Cristo de sus polvorientos sillones de sueño, a fin de que vayan a sus mansiones esplendorosas en el cielo.

Jesús sabía que vendrían muchos «falsos cristos» diciendo: «Yo soy el Cristo», para engañar a muchos (Mateo 24.5).

Una estrategia de resguardo

Dios estableció en las Escrituras una estrategia de resguardo tan impactante en poder sobrenatural, tan magistralmente diseñada, que ni siquiera Satanás y sus legiones de demonios podrían imitarla ni mucho menos reproducirla.

Esa estrategia de resguardo es el Rapto de la iglesia.

Satanás trata de copiar todo lo que Dios hace. Se disfraza como ángel de luz, para imitar a Jesucristo, que es la Luz del mundo (2 Corintios 11.14). En Apocalipsis 6 el anticristo cabalga sobre el escenario de la historia mundial en un caballo blanco como «príncipe de paz» para llevar al mundo a la guerra más sangrienta de la historia. Y lo hace porque Jesús regresa a la tierra cabalgando un caballo blanco, en el libro de Apocalipsis (19.11).

Al anticristo le dispararán un tiro en la cabeza, pero *su herida mortal fue sanada* (Apocalipsis 13.3), imitando la muerte y resurrección de Jesucristo.

Satanás detesta la enseñanza del Rapto y hace que sus seguidores engañados y engañosos digan que no lo habrá. El rapto es la celebración de Cristo sobre la muerte, el infierno y la tumba, a la que derrotó cuando murió en la cruz. Es la humillación suprema para Satanás.

¿Cómo sabrás cuando llegue el verdadero y real Jesús?

No por lo que leas en el *New York Times* o por lo que diga algún teólogo universitario famoso, ni por alguna personalidad carismática que se ubique sobre el monte de los Olivos con una sábana blanca a modo de túnica diciendo que es el rey del nuevo Israel, ni por algún hechicero que haga caer fuego del cielo.

Sabrás que se trata del Jesús real cuando tu cuerpo navegue por el aire, pasando por la Vía Láctea a más de un millón de kilómetros por minuto; lo sabrás cuando estés en su gloriosa presencia con tu cuerpo nuevo, a prueba de enfermedades.

Cuando estés en su presencia con tu cuerpo transfigurado, libre de fatiga, libre de dolor, un cuerpo que jamás morirá; entonces sabrás que se trata del Jesús verdadero y real, y del cielo verdadero y real.

LA BIBLIA, ¿ES LITERAL O ALEGÓRICA?

Los que atacan el concepto del Rapto enseñan que la Biblia no es literal, que es alegórica o un mito. Si la Biblia es un mito entonces acepto ese mito, creo en ese mito, ¡y soy «mitorablemente» creyente!

La Biblia es literal, de principio a fin:

- Dios Todopoderoso literalmente creó «los cielos y la tierra» (Génesis 1.1).
- Jesús literalmente nació de una virgen llamada María (Lucas 1.34).
- Literalmente nació en Belén, Israel (Mateo 2.1).

- Literalmente sanó al enfermo, al ciego, al inválido y al leproso al instante (Mateo 4.23; Marcos 10.52; Lucas 7.22; Juan 5.8).

- Literalmente murió en la cruz (Marcos 15.22-32; Mateo 27.33-44; Lucas 23.33-43; Juan 19.17-24).

- Literalmente lo sepultaron en una tumba prestada (Mateo 27.57-61; Marcos 15.42-47; Lucas 23.50-56; Juan 19.38-42).

- Literalmente resucitó de entre los muertos y lo vieron más de quinientas personas en trece lugares diferentes (Juan 21.14; Marcos 16.14; Hechos 1.1-13).

- Literalmente está sentado a la diestra de Dios Padre (Hebreos 12.2; 1 Pedro 3.22).

- Literalmente vamos a encontrarnos con él en el aire en un abrir y cerrar de ojos (1 Corintios 15.52).

- Literalmente vendrá otra vez con poder y gran gloria «para que ... se doble toda rodilla ... y toda lengua confiese que Jesucristo es el Señor, para gloria de Dios Padre (Filipenses 2.10-11).

- Literalmente caminaremos en calles de oro (Apocalipsis 21.21).

- Literalmente llevaremos una corona de vida (Apocalipsis 2.10).

- Literalmente viviremos para siempre en el mañana de Dios (Apocalipsis 13.6).

LEVANTADOS EN EL AIRE

Los que critican el concepto del Rapto afirman: «El Rapto no existe porque en el texto de la Biblia no aparece la palabra *rapto*». Es cierto. No se menciona específicamente la palabra *rapto* en las Escrituras. Pero la Biblia es un libro de conceptos e imágenes en palabras, tan simple como para que hasta una persona con un nivel modesto de comprensión pueda captar y entender su verdad.

El texto bíblico no contiene la palabra *Trinidad* pero varias veces la Biblia repita la referencia al «Padre, Hijo y Espíritu Santo».

El concepto de la Trinidad es muy claro en el contexto de las Escrituras.

En Génesis tenemos el primer indicio de la bendita Trinidad, una pluralidad de Personas en la Deidad.[2] Más adelante, en Génesis 1.26, Dios dijo: «Hagamos al hombre a nuestra imagen, conforme a nuestra semejanza». «Nuestra imagen» hace referencia a Dios Padre, Hijo y Espíritu Santo.

También durante el bautismo de Jesús vemos la Trinidad:

Jesús, después que fue bautizado, subió luego del agua; y he aquí los cielos le fueron abiertos, y vio al Espíritu de Dios que descendía como paloma, y venía sobre él. Y hubo una voz de los cielos, que decía: Este es mi Hijo amado, en quien tengo complacencia.

(MATEO 3.16-17)

Observa el retrato de la Trinidad en el contexto de este pasaje bíblico: Jesús el Hijo está en el agua, siendo bautizado; la paloma, que representa al Espíritu Santo, desciende del cielo y la voz que habla desde el cielo es Dios Padre, que extiende su bendición sobre su Hijo.

Mateo 28.19 también hace referencia a la Trinidad: «Por tanto, id, y haced discípulos a todas las naciones, bautizándolos en el nombre del Padre, y del Hijo, y del Espíritu Santo [tres en uno]».

Así como estos ejemplos nos brindan un retrato de la Trinidad, 1 Corintios 15.51-52 y 1 Tesalonicenses 4.16-17 son claros retratos en palabras de lo que será el Rapto de la iglesia de Jesucristo.

Mantente alerta

Aunque a los cristianos les gusta debatir sobre cuándo vendrá el Señor, la Biblia es clara en cuanto a que él espera que estemos alerta esperando el momento en que venga en las nubes a llevar a su esposa al cielo. ¿Por qué? La respuesta está en la Palabra de Dios.

> Velad, pues, en todo tiempo orando que seáis tenidos por dignos de escapar de todas estas cosas que vendrán, y de estar en pie delante del Hijo del Hombre.
>
> (Lucas 21.36)

Acuérdate, pues, de lo que has recibido y oído; y guárdalo, y arrepiéntete. Pues si no velas, vendré sobre ti como ladrón, y no sabrás a qué hora vendré sobre ti.

(APOCALIPSIS 3.3)

Jesucristo nos está diciendo que estemos *alerta*, ¡y que *despertemos*! Porque si no estamos esperando su regreso nos perderemos su venida y no escaparemos a los horrores futuros del anticristo; además, no recibiremos la corona de la vida.

En un momento, en un abrir y cerrar de ojos, a la final trompeta; porque se tocará la trompeta, y los muertos serán resucitados incorruptibles, y nosotros seremos transformados.

(1 CORINTIOS 15.52)

«Porque el Señor mismo con voz de mando, con voz de arcángel, y con trompeta de Dios, descenderá del cielo; y los muertos en Cristo resucitarán primero. Luego nosotros los que vivimos, los que hayamos quedado, seremos arrebatados juntamente con ellos en las nubes para recibir al Señor en el aire, y así estaremos siempre con el Señor» (1 Tesalonicenses 4.16-17).

Cuando llegue ese momento, de repente quedarán vacíos los autos a la orilla de las rutas y autopistas, con los motores encendidos pero sin conductor ni acompañantes. Algo sumamente extraño. En las casas de los creyentes quedarán los platos sobre la mesa, la comida en el horno, pero los que viven allí se habrán ido al banquete de bodas del Cordero.

Los titulares anunciarán en primera plana: «Faltan millones de personas», «Los cristianos han desaparecido de la tierra», «¡Viene una crisis económica mundial!».

Las cámaras de televisión irán a los cementerios del mundo entero y mostrarán tumbas vacías y mausoleos derribados. Mostrarán casas abandonadas en los suburbios de las ciudades y apartamentos vacíos en los altos edificios de cada ciudad del mundo, así como también tractores que avanzan alocados, cruzando los campos sin control ¡porque los agricultores cristianos no estarán allí!

Todos los cristianos habrán sido llevados a las mansiones celestiales.

Las líneas telefónicas se saturarán porque la gente buscará a sus familiares, tratando de «llamar a alguien», pero su servicio de larga distancia, ¡no llega tan lejos! Y habrá quienes griten mientras llaman por teléfono celular: «¿Me oyes? ¿Hola, hola?».

En las iglesias de todo el mundo habrá multitudes de personas llorando histéricas. Sus amigos y sus seres queridos habrán desaparecido de repente, y quedarán ellos para vivir el infierno de la Gran Tribulación.[3]

Cuando todo eso suceda el caos que habrá sobre la tierra será inequívoca evidencia de que Cristo se ha llevado a su iglesia de este planeta. La sal y la luz de la tierra ya no estarán. El Espíritu Santo ya no frenará a nadie; por lo que Satanás y los demonios del infierno gobernarán la tierra por siete años de indecible horror y derramamiento de sangre.

La última trompeta

Algunos, por la forma en que interpretan 1 Corintios 15.51-52, enseñan que la iglesia pasará por la tribulación:

> He aquí, os digo un misterio: No todos dormiremos;
> pero todos seremos transformados, en un momento,
> en un abrir y cerrar de ojos, *a la final trompeta*.

La confusión está en la frase «a la final trompeta». El único pasaje de la Biblia que describe una serie de trompetas está en Apocalipsis, donde siete trompetas anuncian siete juicios que vendrán sobre la tierra.

Los que están confundidos interpretan que el Rapto o arrebatamiento sucederá después de que suene la séptima trompeta, porque es la última en la serie de trompetas. Es una interpretación errónea.

La primera trompeta (shofar) que se registra en la Biblia fue en el monte Sinaí, donde los hijos de Israel recibieron los Diez Mandamientos (Éxodo 19.16):

> Aconteció que al tercer día, cuando vino la mañana,
> vinieron truenos y relámpagos, y espesa nube sobre el

monte, y sonido de bocina muy fuerte; y se estremeció todo el pueblo que estaba en el campamento.

La *final trompeta* aparece en 1 Corintios 15.51-52 cuando es arrebatada la iglesia:

He aquí, os digo un misterio: No todos dormiremos; pero todos seremos transformados, en un momento, en un abrir y cerrar de ojos, a la final trompeta; porque se tocará la trompeta, y los muertos serán resucitados incorruptibles, y nosotros seremos transformados.

La *gran trompeta* suena en la Segunda Venida de Jesucristo, según lo registra Mateo 24.30-31:

Entonces aparecerá la señal del Hijo del Hombre en el cielo; y entonces lamentarán todas las tribus de la tierra, y verán al Hijo del Hombre viniendo sobre las nubes del cielo, con poder y gran gloria. Y enviará sus ángeles con gran voz de trompeta, y juntarán a sus escogidos, de los cuatro vientos, desde un extremo del cielo hasta el otro.

Se nos manda a estar «vigilantes» y en estado de alerta, lo que significa que tenemos que conocer la columna vertebral de la profecía y buscar con diligencia los anuncios de Dios en los cielos, a través de señales como las de las cuatro lunas de sangre. La Biblia dice con claridad que solo a los que «vigilen» se les contará como dignos de escapar de esas cosas que vendrán sobre la tierra.

Exactamente, ¿de qué escaparemos?

LA TRIBULACIÓN

Los que sean arrebatados en el Rapto escaparán de la ira del anticristo. La tribulación empieza con los cuatro jinetes del Apocalipsis que aparecen en el capítulo 6 de ese libro. El primer jinete es el anticristo, que cabalga un caballo blanco y viene a conquistar a las naciones del mundo.

Hará un tratado de paz de siete años con Israel y lo romperá pasados solo tres años y medio. Hará que toda persona de la tierra lleve su marca en la mano derecha o en la frente, sin esa marca no se podrá ni comprar ni vender. Los que la rechacen serán decapitados (Apocalipsis 13.16)

El monstruo del caballo blanco reunirá a un gobierno mundial, un Nuevo Orden Mundial que tendrá diez reinos y que, inicialmente, gobernará. El anticristo recibirá su poder directamente de Satanás; es el «hijo de perdición» (Juan 17.12; 2 Tesalonicenses 2.3), lo que significa que es el hijo principal de Satanás.

Conquistará a tres de esos diez reinos y la forma definitiva del Nuevo Orden Mundial será la de un imperio con siete cabezas y diez coronas, como lo describe el profeta Daniel.

Sufrimiento indecible

Además del anticristo (la Bestia de Apocalipsis) la Tribulación traerá guerras globales que causarán un baño de sangre en la tierra (Mateo 24.6), terremotos que cambiarán la geografía porque las montañas quedarán reducidas a escombros (v. 7) y las islas del mar desaparecerán debajo del agua (Salmos 46.2).

El sol se volverá tan caliente que se quemará la vegetación; los océanos se convertirán en sangre y las aguas de la tierra se volverán amargas, causando la muerte de quienes las beban (Apocalipsis 8.11).

Del abismo saldrán langostas del tamaño de un caballo, durante cinco meses, y se les dará poder para picar a los seres humanos con un veneno que causa terrible dolor (Apocalipsis 9.5).

En Apocalipsis 9.15 Dios Todopoderoso envía a cuatro ángeles que destruirán a un tercio de la humanidad en un día. En los EE.UU., eso equivale a cien millones de personas en solo veinticuatro horas. Y en el mundo, equivaldría a dos mil millones de personas. Algo que nuestra mente no llega a comprender.

¿Qué tan malo será todo? Juan el Revelador corre la cortina del tiempo y nos permite ver el abismo del sufrimiento indecible:

> Y los reyes de la tierra, y los grandes, los ricos, los capitanes, los poderosos, y todo siervo y todo libre, se escondieron en las cuevas y entre las peñas de los montes; y decían a los montes y a las peñas: Caed sobre nosotros, y escondednos del rostro de aquel que está

sentado sobre el trono, y de la ira del Cordero; porque el gran día de su ira ha llegado; ¿y quién podrá sostenerse en pie?

(APOCALIPSIS 6.15-17)

Les pregunto a los que están cuerdos y con la mente sana, si quieren escapar de esos horrores que describió tan gráficamente Juan el Revelador. ¡Yo sí! ¡De veras lo quiero! ¡Y voy a escapar de todo eso en apenas un momento, en un abrir y cerrar de ojos, cuando suene la última trompeta!

Y voy a ascender literalmente a los cielos con millones de creyentes para encontrarnos con el Jesús real y verdadero. Voy a caminar en calles que son literalmente de oro, y viviré en esplendorosas mansiones muy reales, con la esposa de Cristo... ¡Y así estaremos con el Señor por siempre!

O te inclinas ante el anticristo, o te inclinas ante Jesucristo. No se trata de si vas a inclinarte o no. Se trata de *cuándo* lo harás.

¿YA SUCEDIÓ EL RAPTO?

El engaño sobre el cual Jesús nos advirtió en Mateo 24 va difundiéndose en nuestra generación como un virus teológico contagioso que dice mentiras como por ejemplo: Que Jesús ya volvió y que el rapto de la iglesia ya sucedió. ¡No es así! De hecho, Pablo escribe sobre los «que se desviaron de la verdad, diciendo que la resurrección ya se efectuó, y trastornan la fe de algunos» (2 Timoteo 2.18).

Pedro declara:

Porque no os hemos dado a conocer el poder y la venida de nuestro Señor Jesucristo siguiendo fábulas artificiosas, sino como habiendo visto con nuestros propios ojos su majestad.

(2 PEDRO 1.16)

La pregunta es la siguiente: ¿Cuándo vio Simón Pedro el poder y la venida de Jesucristo? Pedro deja en claro que se refiere a la transfiguración de Cristo. Prosigue así:

Pues cuando él recibió de Dios Padre honra y gloria, le fue enviada desde la magnífica gloria una voz que decía: Este es mi Hijo amado, en el cual tengo complacencia. Y nosotros oímos esta voz enviada del cielo, cuando estábamos con él en el *monte santo*.

(VV. 17-18)

Cuando Pedro habla del «monte santo» se refiere al monte de la Transfiguración. ¿Qué quiso decir Jesús en Mateo 16.28 cuando les habló a Pedro, Santiago y Juan?

De cierto os digo que hay algunos de los que están aquí, que no gustarán la muerte, hasta que hayan visto al Hijo del Hombre viniendo en su reino.

Muchos creyentes caen en confusión al interpretar el significado de determinados pasajes porque no llegan a reconocer que aunque toda palabra de la Biblia es inspirada divinamente por el Espíritu Santo ¡las divisiones en capítulos no lo son!

Las divisiones en capítulos son algo que insertaron siglos atrás los seres humanos, meros mortales. Y de hecho, Mateo 16 y 17 están relacionados en cuanto al concepto; por lo que para entender del todo el significado de Mateo 16.28 tenemos que conectar el último versículo de Mateo 16 con Mateo 17.1-2.

> Seis días después, Jesús tomó a Pedro, a Jacobo y a Juan su hermano, y los llevó aparte a un monte alto; y se transfiguró delante de ellos, y resplandeció su rostro como el sol, y sus vestidos se hicieron blancos como la luz.

El Señor Jesucristo fue glorificado antes de su muerte y resurrección y es esa la imagen que tenemos aquí. Entiende esta verdad: lo que pasó en el monte de la Transfiguración y que leemos en Mateo 16 y 17 fue un retrato abreviado del reino de Dios.

El reino de Dios se reflejó en la presencia de Moisés que representaba la ley, y de Elías que representaba a los profetas del Antiguo Testamento. Hablaban de la próxima muerte, sepultura y resurrección de Jesús (Lucas 9.30-31).

> Y he aquí dos varones que hablaban con él, los cuales

eran Moisés y Elías; quienes aparecieron rodeados de gloria, y hablaban de su partida, que iba Jesús a cumplir en Jerusalén.

Moisés y Elías representaban a los santos muertos del Antiguo Testamento; Pedro, Santiago y Juan representaban a los santos vivos. La iglesia todavía no existía; Pedro, Santiago y Juan pronto representarían el cuerpo de los creyentes del Nuevo Testamento, que es la iglesia.[4]

La transfiguración de Cristo ocurrió antes de que muriera en la cruz; la iglesia no existía todavía. Y si no existía, no podría haber sido arrebatada.

ENGAÑO EN LA IGLESIA

Pablo les escribe lo siguiente a los creyentes de Tesalónica:

Pero con respecto a la venida de nuestro Señor Jesucristo, y nuestra reunión con él, os rogamos, hermanos, que no os dejéis mover fácilmente de vuestro modo de pensar, ni os conturbéis, ni por espíritu, ni por palabra, ni por carta como si fuera nuestra, en el sentido de que el día del Señor está cerca. Nadie os engañe en ninguna manera; porque no vendrá sin que antes venga la apostasía, y se manifieste el hombre de pecado, el hijo de perdición, el cual se opone y se levanta contra todo lo que se llama Dios o es objeto de culto; tanto que se sienta en el templo de Dios como Dios, haciéndose pasar por Dios. ¿No os acordáis que cuando yo estaba todavía con vosotros, os decía esto?

(2 Tesalonicenses 2.1-5)

El «día del Señor» en este versículo no tiene nada que ver con la iglesia. Tiene que ver con un «día» en que Dios juzgará a la tierra, y eso será después del Rapto o arrebatamiento, comenzando por la Gran Tribulación y luego, el Milenio.

Aparentemente en la iglesia del primer siglo alguien había inventado una «carta de parte de nosotros» (supuestamente de Pablo, Timoteo o Silas) y estaba engañando a los cristianos de Tesalónica haciéndoles creer que estaban en la Gran Tribulación. Debido a que la iglesia estaba siendo perseguida en esa época, resultaba fácil hacerles creer esa distorsión de la verdad.

Pablo escribe su aviso a los creyentes de la iglesia de Tesalónica diciéndoles que la carta y el mensaje que contenía, eran mentira, una falsificación.[5]

Como dije antes, Joel describe el «día del Señor»:

Y daré prodigios en el cielo y en la tierra, sangre, y fuego, y columnas de humo. El sol se convertirá en tinieblas, y la luna en sangre, antes que venga el día grande y espantoso de Jehová.

(Joel 2.30-31)

En estos dos versículos se describe la aparición de las lunas de sangre. Como verás enseguida, Dios nos está hablando en los cielos por medio de esas lunas. Su mensaje se exhibirá para que el mundo lo vea. Pero para reconocer su anuncio celestial tenemos que entender primero de qué modo se relacionan esas lunas de sangre con el pueblo judío y los últimos tiempos.

El capítulo que sigue contiene evidencia bíblica del pacto eterno entre Dios y el pueblo judío, un pacto que Dios jamás ha roto y que sigue vigente.

No importa lo que piense Washington, D.C., lo que quiera Irán… lo que exija Rusia… o lo que espere la Unión Europea. Lo único que importa es lo que ha declarado Dios Todopoderoso. Él tiene todo el poder ¡en los cielos y la tierra!

CAPÍTULO 7
Tierra de promesa, tierra de sufrimiento

....

Levántate, ve por la tierra a lo largo de ella y a su ancho;

porque a ti la daré.

....

—Génesis 13.17

El contrato inmobiliario entre Dios Todopoderoso y Abraham, Isaac y Jacob, está registrado varias veces en la Palabra de Dios. Los límites y fronteras están claramente estipulados en el título de propiedad que registran las Escrituras.

Sin embargo, no hay terreno ni porción de este sobre el planeta que haya sido tan cuestionado como el de la tierra de Israel, y eso a pesar de que Dios claramente se la dio al pueblo judío para siempre.

Están los que afirman que los palestinos tienen derecho a la tierra a través de Ismael. Las Escrituras declaran con toda claridad que Dios eliminó a Ismael de toda consideración en cuanto a la tierra de Israel.

> Y dijo Abraham a Dios: Ojalá Ismael viva delante de ti. Respondió Dios: Ciertamente Sara tu mujer te dará a luz un hijo, y llamarás su nombre Isaac; y confirmaré mi pacto con él como pacto perpetuo para sus descendientes después de él.
>
> (GÉNESIS 17.18-19)

Aunque no le dio la tierra a Ismael, Dios *lo* bendijo declarando que produciría doce príncipes que se convertirían en una nación poderosa (v. 20). Estas naciones son las que hoy conocemos como la OPEP [Organización de Países Exportadores de Petróleo]. Isaac, el hijo del pacto, recibió la tierra prometida a Abraham, y es la tierra que hoy se conoce como Israel.

Algunos dicen que en el Antiguo Testamento no hay una referencia directa al problema de la herencia entre Ismael e Isaac. Pero cuando Pablo les escribió a los gálatas, usó a los hijos de Agar y Sara como alegoría para enseñarles sobre la ley y la gracia. Al hacerlo citó al profeta Isaías (54.1) y el libro de Génesis (21.10) para reiterar quién es el verdadero heredero de la tierra.

Decidme, los que queréis estar bajo la ley: ¿no habéis

oído la ley? Porque está escrito que Abraham tuvo dos hijos; uno de la esclava, el otro de la libre. Pero el de la esclava nació según la carne; mas el de la libre, por la promesa. Lo cual es una alegoría, pues estas mujeres son los dos pactos; el uno proviene del monte Sinaí, el cual da hijos para esclavitud; éste es Agar. Porque Agar es el monte Sinaí en Arabia, y corresponde a la Jerusalén actual, pues ésta, junto con sus hijos, está en esclavitud. Mas la Jerusalén de arriba, la cual es madre de todos nosotros, es libre. Porque está escrito: Regocíjate, oh estéril, tú que no das a luz; prorrumpe en júbilo y clama, tú que no tienes dolores de parto; porque más son los hijos de la desolada, que de la que tiene marido (Isaías 54.1).

Así que, hermanos, nosotros, como Isaac, somos hijos de la promesa. Pero como entonces el que había nacido según la carne perseguía al que había nacido según el Espíritu, así también ahora. Mas ¿qué dice la Escritura? Echa fuera a la esclava y a su hijo, porque no heredará el hijo de la esclava con el hijo de la libre (Génesis 21.10). De manera, hermanos, que no somos hijos de la esclava, sino de la libre (Gálatas 4.21-31).

Muy claro y directo fue Pablo en su respuesta a la pregunta sobre qué dice la Escritura en cuanto a quién es dueño de la tierra, quién heredó la Tierra Prometida, e indica que fue Isaac y no Ismael.

¿Por qué es importante eso? Porque el mundo está a punto de caer en la Tercera Guerra Mundial precisamente por eso —a quién le pertenece la tierra de Israel— mientras Irán corre desarrollando una bomba nuclear que desestabilizará al mundo para siempre. La mayor amenaza geopolítica para los EE.UU. y el mundo puede resolverse cuando uno responde a la pregunta de a quién le pertenece de veras la tierra de Israel. Dios resolvió esa controversia hace siglos.

En las páginas que siguen incluyo veinticinco referencias bíblicas que destacan el deseo de Dios de que el pueblo judío sea quien posea esa tierra para siempre.

1. El Señor le dijo a Abram: «Vete de tu tierra y de tu parentela, y de la casa de tu padre, a la tierra que te mostraré. Y haré de ti una nación grande, y te bendeciré, y engrandeceré tu nombre, y serás bendición. Bendeciré a los que te bendijeren, y a los que te maldijeren maldeciré; y serán benditas en ti todas las familias de la tierra».

(GÉNESIS 12.1-3)

2. Después de que Lot se separó de Abram, el Señor le dijo: «Alza ahora tus ojos, y mira desde el lugar donde estás hacia el norte y el sur, y al oriente y al

occidente. *Porque toda la tierra que ves, la daré a ti y a tu descendencia para siempre».*

(GÉNESIS 13.14-15)

3. Además, le dijo: «Yo soy Jehová, que te saqué de Ur de los caldeos, *para darte a heredar esta tierra.* Y él respondió: Señor Jehová, ¿en qué conoceré que la he de heredar? Y le dijo: Tráeme una becerra de tres años, y una cabra de tres años, y un carnero de tres años, una tórtola también, y un palomino. Y tomó él todo esto, y los partió por la mitad, y puso cada mitad una enfrente de la otra; mas no partió las aves».

(GÉNESIS 15.7-10)

4. Y sucedió que puesto el sol, y ya oscurecido, se veía un horno humeando, y una antorcha de fuego que pasaba por entre los animales divididos. En aquel día hizo Jehová un pacto con Abram, diciendo: *A tu descendencia daré esta tierra*, desde el río de Egipto hasta el río grande, el río Eufrates; la tierra de los ceneos, los cenezeos, los cadmoneos, los heteos, los ferezeos, los refaítas, los amorreos, los cananeos, los gergeseos y los jebuseos.

(GÉNESIS 15.17-21)

5. *Y Abraham dio todo cuanto tenía a Isaac.* Pero a los

hijos de sus concubinas dio Abraham dones, y los envió lejos de Isaac su hijo, mientras él vivía, hacia el oriente, a la tierra oriental.

(Génesis 25.5-6)

6. Después hubo hambre en la tierra, además de la primera hambre que hubo en los días de Abraham; y se fue Isaac a Abimelec rey de los filisteos, en Gerar [Gaza]. Y se le apareció Jehová, y le dijo: No desciendas a Egipto; *habita en la tierra que yo te diré. Habita como forastero en esta tierra, y estaré contigo, y te bendeciré; porque a ti y a tu descendencia daré todas estas tierras*, y confirmaré el juramento que hice a Abraham tu padre. Multiplicaré tu descendencia como las estrellas del cielo, y daré a tu descendencia todas estas tierras; y todas las naciones de la tierra serán benditas en tu simiente, por cuanto oyó Abraham mi voz, y guardó mi precepto, mis mandamientos, mis estatutos y mis leyes. Habitó, pues, Isaac en Gerar [Gaza].

(Génesis 26.1-6)

7. Salió, pues, Jacob de Beerseba, y fue a Harán. Y llegó a un cierto lugar, y durmió allí, porque ya el sol se había puesto; y tomó de las piedras de aquel paraje y puso a su cabecera, y se acostó en aquel lugar. Y soñó: y he aquí una escalera que estaba apoyada en tierra, y su

extremo tocaba en el cielo; y he aquí ángeles de Dios que subían y descendían por ella. Y he aquí, Jehová estaba en lo alto de ella, el cual dijo: Yo soy Jehová, el Dios de Abraham tu padre, y el Dios de Isaac; *la tierra en que estás acostado te la daré a ti y a tu descendencia.*

(GÉNESIS 28.10-13)

8. Y *he descendido para librarlos* de mano de los egipcios, y sacarlos de aquella tierra *a una tierra buena y ancha,* a tierra que fluye leche y miel, a los lugares del cananeo, del heteo, del amorreo, del ferezeo, del heveo y del jebuseo.

(ÉXODO 3.8)

9. Habló todavía Dios a Moisés, y le dijo: Yo soy JEHOVÁ. Y aparecí a Abraham, a Isaac y a Jacob como Dios Omnipotente, mas en mi nombre JEHOVÁ no me di a conocer a ellos. *También establecí mi pacto con ellos, de darles la tierra de Canaán, la tierra en que fueron forasteros, y en la cual habitaron.*

(ÉXODO 6.2-4)

10. Por tanto, dirás a los hijos de Israel: Yo soy JEHOVÁ; y yo os sacaré de debajo de las tareas pesadas de Egipto, y os libraré de su servidumbre, y os redimiré con brazo extendido, y con juicios grandes; y os

tomaré por mi pueblo y seré vuestro Dios; y vosotros sabréis que yo soy Jehová vuestro Dios, que os sacó de debajo de las tareas pesadas de Egipto. *Y os meteré en la tierra por la cual alcé mi mano jurando que la daría a Abraham, a Isaac y a Jacob; y yo os la daré por heredad. Yo JEHOVÁ.*

(ÉXODO 6.6-8)

11. *Entonces yo me acordaré de mi pacto con Jacob, y asimismo de mi pacto con Isaac, y también de mi pacto con Abraham me acordaré,* y haré memoria de la tierra.

(LEVÍTICO 26.42)

12. Manda a los hijos de Israel y diles: Cuando hayáis entrado en la tierra de Canaán, esto es, *la tierra que os ha de caer en herencia, la tierra de Canaán según sus límites...*

(NÚMEROS 34.2)

13. Mirad, *yo os he entregado la tierra; entrad y poseed la tierra que Jehová juró a vuestros padres Abraham, Isaac y Jacob, que les daría a ellos* y a su descendencia después de ellos.

(DEUTERONOMIO 1.8)

14. Mi siervo Moisés ha muerto; ahora, pues, levántate

y *pasa* este Jordán, tú y todo este pueblo, *a la tierra que yo les doy a los hijos de Israel*. Yo os he entregado, como lo había dicho a Moisés, todo lugar que pisare la planta de vuestro pie. Desde el desierto y el Líbano hasta el gran río Eufrates, toda la tierra de los heteos hasta el gran mar donde se pone el sol, será vuestro territorio.

(Josué 1.2-4)

15. Y darás lluvias sobre *tu tierra, la cual diste a tu pueblo por heredad*.

(1 Reyes 8.36)

16. «Oh vosotros, hijos de Israel su siervo, hijos de Jacob, sus escogidos. Jehová, él es nuestro Dios; sus juicios están en toda la tierra. Él hace memoria de su pacto perpetuamente, y de la palabra que él mandó para mil generaciones; del pacto que concertó con Abraham, y de su juramento a Isaac; el cual confirmó a Jacob por estatuto, y *a Israel por pacto sempiterno*, diciendo: A ti daré la tierra de Canaán, porción de tu heredad».

(1 Crónicas 16.13-18)

17. Tú oirás desde los cielos, y perdonarás el pecado de tu pueblo Israel, y *les harás volver a la tierra que diste a ellos y a sus padres*.

(2 Crónicas 6.25)

18. Les diste pan del cielo en su hambre, y en su sed les sacaste aguas de la peña; y *les dijiste que entrasen a poseer la tierra, por la cual alzaste tu mano y juraste que se la darías.*

(NEHEMÍAS 9.15)

19. Se acordó para siempre de su pacto; de la palabra que mandó para mil generaciones, la cual concertó con Abraham, y de su juramento a Isaac. La estableció a Jacob por decreto, a Israel por pacto sempiterno, diciendo: *A ti te daré la tierra de Canaán Como porción de vuestra heredad.*

(SALMOS 105.8-11)

20. Y tu pueblo, todos ellos serán justos, *para siempre heredarán la tierra*; renuevos de mi plantío, obra de mis manos, para glorificarme.

(ISAÍAS 60.21)

21. Porque he aquí que vienen días, dice Jehová, en que haré volver a los cautivos de mi pueblo Israel y Judá, ha dicho Jehová, y *los traeré a la tierra que di a sus padres, y la disfrutarán.*

(JEREMÍAS 30.3)

22. Y yo os tomaré de las naciones, y os recogeré de

todas las tierras, *y os traeré a vuestro país.*

(EZEQUIEL 36.24)

23. *Y la sembraré para mí en la tierra,* y tendré misericordia de Lo-ruhama; y diré a Lo-ammi: Tú eres pueblo mío, y él dirá: Dios mío.

(OSEAS 2.23)

24. Reuniré a todas las naciones, y las haré descender al valle de Josafat, y allí entraré en juicio con ellas a causa de mi pueblo, y *de Israel mi heredad,* a quien ellas esparcieron entre las naciones, *y repartieron mi tierra.*

(JOEL 3.2)

25. *Pues los plantaré sobre su tierra,* y nunca más serán arrancados de su tierra que yo les di, ha dicho Jehová Dios tuyo.

(AMÓS 9.15)

Incluyo estos pasajes aquí para que puedas tener presente con qué urgencia quiere Dios que la humanidad entienda la importancia eterna de su pacto con el pueblo judío en cuanto a su tierra.

¡Dios jamás viola un pacto! Estos pasajes que acabas de leer demuestran sin lugar a dudas que Dios le dio al pueblo judío un pedazo de tierra, una porción, una propiedad inmobiliaria que sería suya y que selló esa entrega con un pacto de sangre. Ese pacto no podrán rescindirlo ni Rusia, ni Siria, ni Irán con sus legiones extremistas, ni Hamas, ni los de Hezbolá, ni siquiera las Naciones Unidas y los EE.UU. Dios aplastará a cualquier nación que trate de expulsar al pueblo judío de su suelo sagrado, llamado Israel (Joel 3.2).

El engaño de la teología de reemplazo

Algunos cristianos enseñan que Dios ha violado el pacto con el pueblo judío. Esa enseñanza se conoce como *Teología del reemplazo*, y hay quienes lo llaman *supersesionismo*.

La teología del reemplazo es una doctrina que presenta tres conceptos falsos:

1. Dios terminó con el pueblo judío.
2. El nuevo Israel (la iglesia cristiana) ocupa el lugar del pueblo judío en la economía de Dios, por siempre.
3. Dios ha roto la alianza con el pueblo judío y la reemplazó por su pacto con la iglesia cristiana.

Uno de los textos que suelen usarse como fundamento para la teología del reemplazo es el de la parábola de la higuera (Mateo 21.18-22).

Los que defienden la doctrina del reemplazo interpretan falsamente que la parábola enseña que la higuera representa al pueblo judío, y ponen énfasis en estas palabras de Jesús: «Nunca jamás nazca de ti fruto» (Mateo 21.19). Sin embargo, el verdadero mensaje de esta parábola es respecto de la *autoridad* del creyente, no del estado de Israel. En 21.21-22 Jesús les dijo a sus discípulos, que veían la higuera seca:

> De cierto os digo, que si tuviereis fe, y no dudareis, no sólo haréis esto de la higuera, sino que si a este monte dijereis: Quítate y échate en el mar, será hecho. Y todo lo que pidiereis en oración, creyendo, lo recibiréis.

El tema central de este pasaje es la autoridad del creyente en todas las cosas, incluso sobre la naturaleza. No está haciendo referencia a ningún reemplazo del pueblo judío.

La nación de Israel renació en mayo de 1948 y es hoy una de las más prósperas en todo el mundo. Supera a cualquier otra nación de la tierra en la cantidad de patentes de nuevos inventos per cápita.[1] El Israel espiritual jamás dejó de existir, y la nación de Israel está floreciendo como pocas naciones logran hacerlo sobre la faz de la tierra.

El segundo concepto del reemplazo que afirma que la iglesia cristiana ocupa el lugar que tenía el pueblo judío constituye un menosprecio total de las Escrituras. Dios hizo un pacto eterno con Abraham, Isaac y Jacob y su semilla, para que la tierra de Israel les perteneciera mediante un pacto de sangre que era eterno.

¿Por qué es tan crucial para nuestra generación saber quién

es dueño de la tierra de Israel? Específicamente, porque hay unos ciento veinte millones de árabes hostiles que claman pidiendo la sangre del pueblo judío, y que amenazan por hundir a Medio Oriente y al mundo entero en la Tercera Guerra Mundial.

¿Cuál es el problema? El asunto es que Irán está construyendo una bomba nuclear... el problema es que Hamas y Hezbolá cuentan con misiles de largo alcance para atacar a Jerusalén... el conflicto está en el corazón y centro de la crisis geopolítica más importante de nuestra generación respecto de a quién le pertenece la tierra de Israel.

¡Pero la posición de Dios es la siguiente!

Dios creó los cielos y la tierra, y como Dueño de los cielos y la tierra decidió hacer un pacto inmobiliario con Abraham y sus descendientes, decretando que la tierra de Israel les pertenecería a los descendientes de Abraham para siempre. Selló el título de propiedad con sangre. Dios no es un hombre, un ser humano que miente. ¡Dios hace lo que dice que va a hacer! (Números 23.19).

Los que enseñan la teología del reemplazo —que sostiene que Dios ha roto el pacto con el pueblo judío y los ha reemplazado por la iglesia— tienen que detenerse para formularse a sí mismos una pregunta muy importante: Si Dios rompió un pacto que había hecho con su propia carne y sangre, ¿qué confianza podemos tener entonces nosotros, los gentiles, de que no violará su pacto con nosotros?

Pablo hace referencia al tema de la teología de reemplazo con la pregunta que presenta en Romanos 11.1: «¿Ha desechado Dios a su pueblo? En ninguna manera. Porque también yo soy israelita, de la descendencia de Abraham, de la tribu de Benjamín».

¡La lógica de Pablo es impecable! Está diciendo: «Yo soy judío. Y si Dios echó al pueblo judío, ¿por qué me está usando a mí para establecer la iglesia del Nuevo Testamento?». Repite su posición para aquellos que tienen dificultades para oír y entender:

Digo, pues: ¿Han tropezado los de Israel para que cayesen? En ninguna manera; pero por su transgresión vino la salvación a los gentiles, para provocarles a celos.

(ROMANOS 11.11)

En griego, las palabras para «de ninguna manera» son muy fuertes, las más fuertes que podrían permitirse en ese texto. Pablo deja muy en claro que de ninguna manera Dios ha echado al pueblo judío de su bendición, su amor, su misericordia, o del pacto eterno que hizo con Abraham, Isaac y Jacob, sobre la tierra de Israel.

LO QUE DIOS QUITA NUNCA REAPARECE

La teología del reemplazo se basa en una premisa falsa puesto que lo que Dios elimina jamás reaparece. Dios eliminó a Sodoma y a Gomorra, y jamás ha podido saberse con precisión dónde estaban ubicadas. Algunos geólogos hasta creen que están en el fondo del Mar Muerto.[2]

Israel es la única nación que se haya creado mediante un acto soberano de Dios, registrado en las Escrituras, con mención específica y clara de sus fronteras y límites. Dios creó a Israel y lo defiende porque «No se adormecerá ni dormirá el que guarda a Israel» (Salmos 121.4). Dios prometió que traería de regreso a Israel de la Diáspora (dispersión) del año 70 D.C.

La promesa se cumplió en mayo de 1948, cuando de los cuatro puntos cardinales de la tierra se reunieron los exiliados de Israel y volvieron a la tierra del pacto que Dios le había dado al pueblo judío.

El profeta Amós deja bien en claro que cuando el pueblo judío retornara del exilio: «nunca más [será] arrancado» de su tierra (9.14-15). Nunca más significa eso: ¡*nunca más!*

Dios no ha reemplazado a Israel porque, como veremos en los próximos capítulos, su cartel celestial de las cuatro lunas de sangre está directamente vinculado a sucesos significativos en la historia del pueblo judío. Y cuando Jesucristo regrese a la tierra como Mesías y Rey de reyes, se identificará con el pueblo judío.

Jesús se presenta en Apocalipsis 5.5 como «el León de la tribu de Judá, la raíz de David». En su ministerio terrenal Jesús fue un rabí judío y volverá como «este mismo Jesús», según Hechos 1.11. El pueblo judío no fue abandonado ni echado de lado, ni lo será en el futuro.

Según el testimonio de Pablo, Jesús está ahora mismo en el cielo hablando hebreo.

Y habiendo caído todos nosotros en tierra, oí una voz
que me hablaba, y decía en lengua hebrea: Saulo, Saulo, ¿por qué me persigues?

(HECHOS 26.14)

¿Acaso piensas que Jesús va a regresar vestido con un traje
gris, que se verá como un predicador evangélico? ¡No lo creo!
¡Tendrá una kipá bajo su corona y un manto de oración (tallit)
sobre los hombros!

Dios Todopoderoso no ha reemplazado al pueblo judío
puesto que en Apocalipsis 7 elige a ciento cuarenta y cuatro mil
judíos como testigos suyos durante la tribulación. ¿Por qué usa-
ría a un pueblo al que dicen que ha abandonado y desechado?

Lo primero que hará Jesús en su reino milenial es juzgar a
las naciones. El propósito de ese juicio (Mateo 25) es castigar a
todas las que hayan abusado del pueblo judío. Si Dios hubiera
abandonado a los judíos, ¿por qué juzgaría a las naciones por
hacer justamente aquello mismo que la teología del reemplazo
dice que hizo él?

LAS ESTRELLAS Y LA ARENA

Inmediatamente después de que Abraham se mostrara dispuesto
a sacrificar a Isaac, el Señor le dijo:

Por mí mismo he jurado, dice Jehová, que por cuanto
has hecho esto, y no me has rehusado tu hijo, tu único

hijo; de cierto te bendeciré, y multiplicaré tu descendencia *como las estrellas* del cielo y *como la arena que está a la orilla del mar*; y tu descendencia poseerá las puertas de sus enemigos.

(GÉNESIS 22.16-17)

Dios identificó a los descendientes de Abraham como *las estrellas del cielo y como la arena que está a la orilla del mar.*

En las Escrituras, leemos el propósito de las estrellas:

1. Dan luz (Daniel 12.3; Génesis 1.14-15).
2. Gobiernan la oscuridad de la noche (Génesis 1.16-18).
3. Gobiernan en lugares celestiales (Efesios 6.12).
4. Son mensajeros proféticos; parte del cartel celestial de Dios (Joel 2.30-31, Lucas 21.25, 27-28; Hechos 2.19-20).

Las estrellas representan a la semilla espiritual de Abraham, que es la iglesia; dado que Abraham es «padre de todos nosotros [los creyentes]» (Romanos 4.16-17).

El propósito de la iglesia es ser luz en un mundo oscuro. La Biblia dice: «Así alumbre vuestra luz delante de los hombres, para que vean vuestras buenas obras, y glorifiquen a vuestro Padre que está en los cielos» (Mateo 5.16).

Jesús le dijo a la iglesia: «Vosotros sois la luz del mundo» (Mateo 5.14). El propósito del reino de la luz es gobernar sobre el reino de las tinieblas.

Pablo lo dice con claridad en Hebreos 11.12: «Por lo cual también, de uno, y ése ya casi muerto, salieron como las estrellas del cielo en multitud, y como la arena innumerable que está a la orilla del mar».

La arena de la orilla del mar representa a los hijos físicos de Abraham a través de Isaac, el pueblo judío. La arena está conectada por siempre a la tierra, por lo que el pueblo judío está por siempre conectado a la tierra de Israel, mediante el pacto.

Y en cuanto a ese tema del reemplazo, las estrellas jamás reemplazan a la arena, ni la arena reemplaza a las estrellas. Las unas y la otra tienen su propio propósito soberano para existir, dado por Dios. Israel y la iglesia son únicos. La iglesia jamás reemplaza a Israel e Israel nunca reemplaza a la iglesia.

La teología del reemplazo es deshonrosa, bíblica e intelectualmente. Creo que la teología del reemplazo es antisemitismo religioso, una de las formas más peligrosas de engaño que existen en la iglesia de hoy.

CAPÍTULO 8
Guerras y rumores de guerras

....

Y oiréis de guerras y rumores de guerras; mirad que no
os turbéis, porque es necesario que todo esto acontezca;
pero aún no es el fin. Porque se levantará nación contra
nación, y reino contra reino; y habrá pestes, y hambres,
y terremotos en diferentes lugares.

....

(MATEO 24.6-7)

Como estudiante de la historia quisiera plantar en tu mente una
semilla con una idea.

Comienza tu estudio por el concepto básico de que Dios es
soberano. Él controla las vidas humanas, el destino de las naciones y todo suceso que ocurra en el universo.

Ahora, considera que Dios, como Creador y Dueño del planeta tierra, hizo un pacto inmobiliario con Abraham, Isaac y Jacob y su semilla, de que la tierra de Israel con fronteras y límites que están establecidos en la Biblia le pertenece al pueblo judío para siempre (Génesis 14.18-21; 17.7-8).

Recuerda este dato, muy importante: no es que el pueblo judío *ocupe* esa tierra. ¡Es que es el *dueño*!

Sigue entonces la lógica de que un Dios soberano le prometió al pueblo judío que «no se adormecerá ni dormirá el que guarda a Israel» (Salmos 121.4). «*Guardar*» es un término (militar) que significa defender y proteger. Las grandes batallas de la Biblia tienen que ver con que Dios defendía al pueblo judío, «la niña de su ojo» (Zacarías 2.8). Cualquier nación o grupo de naciones que tratara de eliminar a Israel era derrotada, aniquilada por el Dios de Abraham, Isaac y Jacob.

Los enemigos de los hijos de Israel en la batalla de Jericó, y los cinco ejércitos de la batalla de los cinco reyes (Josué 10) que intentaban aniquilar a Israel, camino de Egipto a la Tierra Prometida, terminaron apedreados a muerte por Dios mismo cuando atacaron a Israel. La Biblia contiene un registro gráfico de esa batalla:

Y mientras iban huyendo de los israelitas, a la bajada de Bet-horón, Jehová arrojó desde el cielo grandes piedras sobre ellos hasta Azeca, y murieron; y fueron más los que murieron [de los cinco ejércitos] por las piedras del granizo, que los que los hijos de Israel mataron a espada.

(Josué 10.11)

David, el joven pastor de ovejas, mató a Goliat con ayuda del Señor y la puntería de su honda. Al hacerlo salvó a Israel de caer esclavo de los filisteos. Ese acto singular de valentía liberó a Israel para que produjera los profetas que escribirían las Sagradas Escrituras que leería el mundo. Liberó a Israel para que surgiera el rey David y, a su tiempo, el tataranieto del rey David Jesús de Nazaret, que liberó al mundo del reino de las tinieblas.

Cuando Amán conspiró para matar a los judíos de Persia [hoy, Irán], él y sus hijos terminaron ahorcados en la misma cuerda que había construido para colgar a los judíos. ¡Dios estaba cuidándolos! La mayoría de los judíos del mundo vivían en Persia en ese momento de la historia. La aniquilación de los judíos habría constituido un obstáculo en los propósitos que Dios tenía en su plan. Dios se ocupó de que el arquitecto del holocausto del Antiguo Testamento acabara ahorcado justamente con la misma soga que preparara para los judíos.

Jesús nos dijo que antes de su Segunda Venida oiríamos «de guerras y rumores de guerras» y que se levantaría «nación contra nación y reino contra reino» (Mateo 24.6-7). Creo que se levantaría «nación contra nación» describe todos los grandes conflictos bélicos que hubo en la tierra desde los días de Cristo hasta hoy, incluyendo las guerras contra Israel.

Lo importante es esto: Dios Todopoderoso creó al estado judío y ha jurado defenderlo. Y cualquiera que presente una amenaza existencial contra Israel, sea político —desde Amán hasta Hitler—, militar —desde Goliat hasta Irán—, o atormentador —desde Faraón hasta Putin—, será completamente destruido por la mano del Señor.

Jehová es Dios celoso y vengador; Jehová es vengador
y lleno de indignación; se venga de sus adversarios, y
guarda enojo para sus enemigos.   (NAHÚM 1.2

LA PRIMERA GUERRA MUNDIAL

Cuando estudiamos la historia del pueblo judío en relación a la profecía bíblica tenemos que pensar en el impacto de la Primera Guerra Mundial sobre el estado de Israel.

En la Primera Guerra Mundial los británicos se veían impedidos para fabricar pólvora de cordita. El Primer Lord del Almirantazgo, Winston Churchill, fue a ver al químico judío Chaim Weizmann y le preguntó si sabía cómo fabricar pólvora sintética y si podría hacerla. Sin ella, no se podían disparar balas, y de nada servía la artillería. Los cañones de los barcos eran solo adornos. Estaba en juego el resultado de la guerra.

Weizmann y su equipo descubrieron cómo fabricar esa enorme cantidad de pólvora sintética en pocas semanas. Ese inventor judío tuvo un papel muy importante en la victoria sobre Alemania en la Primera Guerra Mundial.

Después de la guerra, Lord Balfour le preguntó a Chaim Weizmann qué podía hacer Inglaterra para honrarle. Weizmann pidió que se le diera tierra a su pueblo (los judíos), un hogar.

Lord Balfour creó un documento histórico que se conoce como la Declaración de Balfour, que le daba al pueblo judío lo que Dios ya había garantizado en el libro de Génesis: un país.

Aunque hubo varios borradores de la Declaración de Balfour, la versión definitiva se dio a conocer el 2 de noviembre de 1917 en una carta que Balfour le envió a Lord Rothschild, presidente de la Federación Sionista Británica.

Los sionistas del mundo siguieron regresando a la Tierra de la Promesa. El ojo de Dios, que todo lo ve, estaba cuidando a la semilla de Abraham, mientras reunía a los exiliados de las naciones del mundo.[1]

LA SEGUNDA GUERRA MUNDIAL

En el monte de los Olivos Jesús describió el horror de los sucesos futuros: «Y si aquellos días no fuesen acortados, nadie sería salvo; mas por causa de los escogidos, aquellos días serán acortados» (Mateo 24.22). Este versículo apunta claramente al holocausto de los judíos que llegaría a su tiempo, porque las referencias del Sermón del Monte a «los escogidos» son al pueblo judío, no a la iglesia.

Adolf Hitler era un monstruo antisemita endemoniado que llegó al poder en virtud del Tratado de Versalles, que mandaba que Alemania le pagara a los Estados Unidos e Inglaterra todos los gastos ocasionados por la Primera Guerra Mundial. El costo era astronómico.

En un esfuerzo por cumplir con ese tratado, Alemania quebró al acuñar dinero fresco, método para financiar la deuda nacional mediante la emisión de dinero nuevo que infla la moneda hasta que ya no tiene valor, debido a que abunda mucho. Los EE.UU. están haciendo exactamente lo mismo hoy, mientras caemos a pasos agigantados en una deuda nacional de veinte mil billones de dólares.

Hitler accedió al poder porque le prometió al pueblo alemán que no iba a pagarles a los EE.UU. e Inglaterra la deuda ocasionada por la Primera Guerra Mundial. Prometió en cambio que invertiría en el pueblo alemán, reconstruyendo la infraestructura nacional de rutas que se conoció como Autobahn, con la creación de un auto que fue el Volkswagen (en alemán, auto del pueblo) y restableciendo a su lugar a los militares de la nación. La gente estaba feliz. Hitler no llegó al poder por la fuerza, disparando balas. Fue elegido en votaciones por una sociedad alemana educada y altamente sofisticada.[2]

Hitler odiaba al pueblo judío del mismo modo en que los islámicos extremistas. Antes de llegar al poder, escribió el libro *Mein Kampf*, que significa «Mi lucha». No es por casualidad que la palabra *jihad* también signifique «mi lucha». Tanto la lucha de Hitler como la de los extremistas del Islam, fue y será contra el pueblo judío. Ambos le declararon la guerra a la semilla de Abraham, para destruirla.

Hitler dejó en claro en *Mi lucha* que tenía intención de matar a los judíos. El mundo sencillamente no creía que iba a hacerlo. El surgimiento de la «solución final» y la muerte de seis millones de judíos constituyen prueba viviente de que sí tenía tal intención.

El espíritu antisemita de Amán y Hitler sigue vivo hoy.

Mahmoud Ahmadinejad, ex presidente de Irán, repitió varias veces ante los micrófonos —para que lo oyera el mundo entero— que su misión era borrar a Israel de la faz de la tierra. ¡Pero los líderes de los EE.UU. decidieron no tomarlo en serio!

Irán acaba de elegir a un nuevo líder y el Primer Ministro de Israel Benjamin Netanyahu, que conoce la mentalidad de los enemigos de Israel, dijo: «No nos engañemos, no dejemos que los buenos deseos nos tiendan la trampa de tentarnos a relajar la presión sobre Irán para que detenga su programa nuclear».

Mark Dubowitz, director ejecutivo de Fundación para la Defensa de las Democracias, dijo según una cita:

> El nuevo presidente de Irán negociará con el fin de ganar tiempo. Esto, para poder llegar a la capacidad de fabricar armas nucleares a nivel industrial, con el fin de que Irán, sin que nadie lo detecte, pueda producir armas con uranio enriquecido o plutonio separado, para una o más bombas. La elección de [Hassan] Rowhani, maestro del engaño nuclear, no hace que hayamos avanzado en nada en el esfuerzo por detener el programa nuclear de Irán.[3]

La historia sí se repite. ¡Hoy estamos reviviendo 1938! Esta vez, no permanezcamos en silencio ante el mal.

La Segunda Guerra Mundial terminó antes de lo previsto gracias al genio científico de Albert Einstein, cuyo conocimiento fue instrumental en el desarrollo de la bomba atómica. Los expertos militares de los EE.UU. afirmaron que al no haberse invadido Japón por tierra, hubo al menos setecientos cincuenta mil estadounidenses que se salvaron porque de otro modo habrían terminado muertos allí.[4]

¿En qué afectó eso a Israel? Al acortarse la Segunda Guerra Mundial, acabó el holocausto. Se había «borrado» a un tercio de la población judía de Europa. El objetivo de Hitler era la exterminación total.

El General Dwight D. Eisenhower ordenó a los medios del mundo que filmaran el infierno indecible del holocausto. Es que Eisenhower temía que llegara el día en que hubiera «negadores del holocausto» que declararan que no había existido tal cosa.[5]

Hoy los líderes islámicos extremistas de Irán que han prometido borrar a los judíos de la faz de la tierra se cuentan entre los negadores del holocausto.[6]

Y lamentablemente su veneno está sumando apoyo internacional.

De las lágrimas y la tragedia de la Segunda Guerra Mundial resultó el renacimiento del estado de Israel en mayo de 1948. Ezequías profetizó respecto de la promesa de Dios en cuanto a llevar de regreso a Israel a los exiliados:

Porque he aquí, yo estoy por vosotros ... Y haré multi-
plicar sobre vosotros hombres, a toda la casa de Israel,
toda ella; y las ciudades serán habitadas, y edificadas
las ruinas ... Y yo os tomaré de las naciones, y os recogeré de todas las tierras, y os traeré a vuestro país ...
Habitaréis en la tierra que di a vuestros padres, y vosotros me seréis por pueblo, y yo seré a vosotros por
Dios.   (Ezequiel 36.9-10, 24, 28)

La Tercera Guerra Mundial

La Tercera Guerra Mundial se acerca.

Podemos ver las nubes de tormenta en Medio Oriente y, de
nuevo, Israel es la clave. Rusia, Irán, Alemania, Turquía, Libia y
las naciones de la Primavera Árabe han rodeado a Israel, a la isla
de la libertad y la democracia, con un océano de terror y tiranía.

¡Dios está atento!

El drama final se desarrolla ante nuestros ojos cuando lees
al respecto en la primera página de tu periódico y casi todas las
noches cuando ves los programas noticiosos en la televisión.

El segundo jinete del Apocalipsis llegará montado en un
caballo rojo, trayendo guerra y derramamiento de sangre. Dios
destruirá a los enemigos de Israel en el despliegue más sobrenatural de poder que se haya visto desde que aplastó al faraón y su
ejército en el Mar Rojo. Dios protegerá a Israel y el curso de la
historia cambiará para siempre.

SE LEVANTARÁ REINO CONTRA REINO

Creo que la profecía de Jesús que dice que se levantará reino contra reino (Mateo 24.7) describe al reino de la luz contra el imperio de las tinieblas y la oscuridad. Es la batalla final entre el Autor de la verdad y el padre de las mentiras, la batalla del bien contra el mal.

¡La batalla del bien contra el mal está ocurriendo ahora mismo! Mira los programas de televisión y los anuncios de las películas, que presentan lo oculto… lo demoníaco… lo satánico… la práctica de brujería y hechicería en libros populares… la abierta hostilidad contra el cristianismo y el reavivamiento del antisemitismo. Esta batalla es la lucha por los corazones y las mentes de nuestros hijos, en nuestros hogares, nuestras escuelas, nuestras universidades y nuestra sociedad.

Están programando a nuestros hijos para que se vuelvan esclavos del estado socialista. Llegará un momento en que van a creerle más al gobierno que a la Palabra de Dios.

Hace poco emitieron la grabación de una de las personalidades más importantes de la radio en los EE.UU., de hace cuarenta y siete años. Era Paul Harvey. Con su característica visión, Paul Harvey describió la batalla del reino de la luz y el reino de las tinieblas, con una precisión que da escalofríos:

Si yo fuera el diablo… si yo fuera el príncipe de las tinieblas… querría sumergir al mundo entero en la oscuridad… y para eso haría todo lo necesario como para apoderarme de los Estados Unidos.

Lo primero que subvertiría serían las iglesias. Empezaría con una campaña de susurros. Con la sabiduría de una serpiente, te susurraría como lo hice con Eva: «Haz lo que te venga en gana». A los jóvenes, les susurraría que «La Biblia es un mito». Los convencería de que el hombre creó a Dios y no, al revés. Les diría en secreto que lo malo es bueno y que lo bueno es «cuadrado». Y a los viejos les enseñaría a orar repitiendo lo que yo diga: «Padre nuestro que estás en Washington…». En otras palabras, si yo fuera el diablo, seguiría haciendo justo lo que él está haciendo en este momento.[7]

Si los Estados Unidos quieren sobrevivir tiene que haber un tiempo de arrepentimiento nacional por nuestros pecados y un regreso a las eternas verdades de la Palabra de Dios. ¡Selah!

CAPÍTULO 9
Hambruna, terremotos y anarquía

Cuando abrió el tercer sello, oí al tercer ser viviente,
que decía: Ven y mira. Y miré, y he aquí un caballo
negro; y el que lo montaba tenía una balanza en la
mano. Y oí una voz de en medio de los cuatro seres
vivientes, que decía: Dos libras de trigo por un denario,
y seis libras de cebada por un denario; pero no dañes
el aceite ni el vino.

—Apocalipsis 6.5-6

La visión que tuvo Juan mientras estaba en la isla de Patmos describe al tercer jinete del Apocalipsis. Juan ve a un jinete en un caballo negro que lleva una balanza en la mano, la que le permite pesar con exactitud el trigo y la cebada que vende por un denario. Juan el Revelador está pintando el retrato de una hambruna mundial.

El denario equivalía a lo que el trabajador promedio ganaba por un día de trabajo (Mateo 20.2). Juan está diciendo que la familia promedio pagará lo que gana —en un día entero de trabajo—, por un kilo de trigo. ¿Cuánto duraría un kilo de trigo para alimentar a *tu* familia?

Después de gastar todo lo que ganaste en un día de trabajo en lo que comerán en un solo día, ¿qué harás para pagar lo que implica la vivienda, el mantenimiento de la misma, la ropa, los gastos médicos, el combustible… que en sí mismo valdrá lo que pesa en oro?

Durante esa época de hambruna la iglesia de Jesucristo estará en el cielo, sentados a la mesa del banquete de bodas del Cordero, como invitados de honor del Maestro. Pero, ¿qué pasa con los que se quedan? ¿Qué vivirán?

Los estadounidenses están aislados de las hambrunas que el mundo ya está padeciendo. La Organización Mundial del Hambre informó que en 1996, en Corea del norte, unos 3.5 millones de personas eran víctimas de la hambruna. En un período de seis años entre 1998 y 2004 la República Democrática del Congo informó que habían muerto 3.8 millones de personas a causa del hambre.[1]

La Cruz Roja de los EE.UU., en su encuesta anual calculó que unos 17.2 millones de hogares estadounidenses (1 de cada

7) estaban en situación de «inseguridad alimentaria»».[2]

Cuando terminan las guerras (el caballo rojo) siempre hay escasez. Y esta vez no será diferente. El mundo, y esto *incluye* a los EE.UU., va avanzando gradualmente hacia una época en que ya no tendremos la capacidad de producir el alimento que hace falta para sustentar a nuestro pueblo.

La muerte de la granja familiar

En los EE.UU. sistemáticamente van eliminándose las granjas familiares. «Según el Departamento de Agricultura de los EE.UU. la cantidad de granjas en la Unión Americana ha disminuido de 6.8 millones en 1935 a unos dos millones solamente en nuestros días».[3]

En los EE.UU. hoy la agricultura está dominada por las grandes compañías petroleras y de producción agrícola, con lo cual al agricultor promedio le resulta imposible competir. «Según Farm Aid, unos 330 agricultores dejan sus tierras cada semana, para siempre… El mayor porcentaje de agricultores familiares tienen hoy más de cincuenta, sesenta o setenta años… y solamente el seis por ciento de los agricultores tienen menos de treinta y cinco años».[4] Ha desaparecido la «Generación de Josué» que daba continuidad a las granjas familiares en los Estados Unidos.

El pequeño agricultor está siendo desplazado por los grandes conglomerados agrícolas… y las tierras hoy son objetivo principal de los grandes desarrolladores inmobiliarios… además de que crece en proporción exponencial la cantidad de personas que migran de las zonas rurales a las ciudades, en parte porque la generación que viene considera que la vida del agricultor no es más que trabajo de sol a sol, con ganancias que son casi nulas. Sin embargo nuestro país tiene ahora inversores extranjeros ricos como China[5] o Japón que poseen ya la mayor parte de la deuda de los EE.UU. en forma de bonos federales (valores del tesoro) y están comprando muchas tierras que solían destinarse a la agricultura. En el momento en que este libro va a la imprenta, China está tratando de comprar la empresa productora de carne y derivados porcinos más grande del país. Todo lo que produzca esa planta irá directamente a China.

Además, el *impuesto a la muerte* de la oficina de impuestos sobre la renta [IRS, siglas en inglés] que puede exceder el cincuenta por ciento del valor total de una granja, acecha tras bambalinas apresurando la inevitable muerte de las granjas estadounidenses. Por ejemplo, si tu padre tiene una granja que al momento de su muerte vale un millón de dólares, el IRS golpeará tu puerta exigiendo hasta el cincuenta por ciento del valor de la propiedad de tu padre fallecido. Te verás obligado a vender para conseguir el medio millón de dólares para pagarle al IRS o perderás tu tierra.[6]

Esta crisis en que las tierras de los EE.UU. pasan a manos de extranjeros se agrava con el tiempo y al fin nos llevará a la escasez general de alimentos. Los EE.UU. están lentamente vendiendo nuestra fuente de alimentos (nuestras tierras) debido a que las nuevas generaciones son indiferentes, o por el peso de los impuestos a la herencia. La hambruna se acerca. Solo es cuestión de tiempo.

HABRÁ PESTES

Yo tenía doce años cuando falleció mi abuelo, John Christopher Hagee. Solo puedo recordar haberlo visto dos veces en mi vida. La primera fue en 1948 durante una reunión familiar por el Día de Acción de Gracias. Y la segunda, junto a su tumba en un pequeño pueblo de Oklahoma, en el verano de 1952.

Mientras mi padre, sus cinco hermanos y la abuela Hagee se abrazaban, despidiéndose cuando terminó el funeral, yo empecé a caminar por ese pequeño cementerio pueblerino. Casi de inmediato noté que muchas de las tumbas, tanto de los ancianos como de los jóvenes, indicaban que habían muerto en 1917.

Cuando fui donde estaba mi padre a la salida del cementerio le pregunté:

—¿Qué pasó aquí en 1917?

Papá contestó:

—En 1917 hubo en nuestro pueblo una epidemia de gripe porcina, por la que murió la mitad de la población en pocos meses. Yo veía las carrozas fúnebres, a veces con dos cuerpos dentro, el de una madre con su bebé en brazos. Morían por la gripe porcina.

—¿Y por qué no se vacunaron? —quise saber.

—No había vacuna, ni medicina que sirviera. Vivían los fuertes. Los débiles morían.

Han pasado casi cien años desde esa epidemia mortal y las

mejores mentes científicas del mundo nos advierten que hay virus que mutaron y son inmunes a cualquier vacuna que se haya creado.

Una vez que se desata una plaga no hay nada que la detenga. Será como lo describió mi padre en el caso de la epidemia de 1917. Los fuertes sobrevivirán y los débiles morirán.

Los científicos de todo el mundo advierten a la humanidad acerca de un potencial brote de gripe pandémica, algo que suele ocurrir entre tres y cuatro veces cada siglo. La gripe pandémica es causada por un virus capaz de propagarse muy rápido, de persona a persona, en todo el mundo. Como ahora tenemos ciudades con millones de personas que viven muy cerca unas de otras, la tasa de contagio puede ser comparable a la de un incendio, que el viento propaga rápidamente en la pradera.

Hace unas semanas mientras trabajaba en mi casa de campo conversé con mi vecino a través de la cerca. Él fue miembro del Congreso de los EE.UU. y ahora trabaja en Washington, D.C., estudiando el potencial daño que causaría un brote pandémico de gripe aviar en los EE.UU. y el mundo. Mi vecino, que no es alarmista sino un hombre muy lógico con un intelecto destacado, afirmó algo que me impactó. Sin dudarlo, me dijo: «Pastor, no se trata de *si va a suceder*. Más bien, se trata de *cuándo* habrá un brote pandémico de gripe aviar en los EE.UU. Cuando suceda, reúna a toda su familia aquí en su casa de campo y aíslense varios meses. Ese será el precio de la supervivencia».

Meneé la cabeza cuando nos despedimos, y me dirigí hacia

mi camioneta mientras resonaban en mis oídos las palabras de Jesús: «Habrá pestilencias» (Mateo 24.7).

Cuando llegué a casa tomé la edición de fin de semana del *Wall Street Journal* del 16 y 17 de abril de 2013. Allí había una foto de la matanza de pollos en China, por la profunda preocupación respecto de una nueva cepa de gripe aviar. El Centro de Control y Prevención de Enfermedades [CDC, siglas en inglés] está preocupado porque ese virus fatal de la gripe aviar pueda pasar de las aves a las personas y luego, de persona a persona, en cualquier momento.

En 2012, un brote de gripe aviar H7N3 en México hizo que se matara a más de veintidós millones de gallinas, lo que causó aumentos en productos avícolas como los huevos, entre otros.[7]

Los EE.UU. no somos inmunes a la pestilencia. Una nueva cepa del virus H3N2 va propagándose por la nación a velocidad inusitada. Según el Departamento de Salud tan solo en el estado de Missouri se informó sobre un aumento de casi dos mil por ciento en los análisis de gripe con resultado positivo. El Centro de Control y Prevención de Enfermedades recibió ese tipo de informes de cuarenta y un estados.[8]

A pesar de nuestra sofisticación en la ciencia de la medicina, habrá pestilencia mundial.

Habrá terremotos

Dios usa los terremotos para llamar la atención de quienes padecen de sordera espiritual. Él está diciendo: si no puedes ver las señales de los cielos, y si te niegas a reconocer los signos evidentes de la profecía cumplida, estremeceré la tierra que pisan tus pies. La tierra se tragará ciudades enteras, las montañas quedarán a ras del suelo, y desaparecerán las islas del mar.

Dios usó un terremoto en el antecedente original de la película «Rock de la cárcel». El apóstol Pablo y Silas fueron apresados por predicar el evangelio. En lugar de quejarse y lloriquear por ser perseguidos, decidieron cantar alabanzas a Dios a medianoche.

Dios sacudió los fundamentos de la tierra con un «gran terremoto» que cayeron los muros de la prisión, y les permitió a Pablo y Silas convertir al guardia que los vigilaba (Hechos 16.25-28).

Dios usó un terremoto la mañana de la resurrección cuando el ángel «llegando, removió la piedra, y se sentó sobre ella» (Mateo 28.2). No corrió la piedra para que Cristo saliera, sino para permitir que nosotros entráramos. La noticia más importante que haya oído el mundo provino de la sepultura: ¡Él vive!

Dios promete a todas las naciones que hagan batalla contra Jerusalén que «serás visitada con truenos, con terremotos y con gran ruido, con torbellino y tempestad, y llama de fuego consumidor» (Isaías 29.6).

Dios le advierte al planeta tierra que está por venir el terremoto más grande de la historia humana. Juan el Revelador lo describe con estas palabras:

Entonces hubo relámpagos y voces y truenos, y un gran

temblor de tierra, un terremoto tan grande, cual no lo hubo jamás desde que los hombres han estado sobre la tierra. Y … las ciudades de las naciones cayeron … Y toda isla huyó, y los montes no fueron hallados.

(APOCALIPSIS 16.18-20)

¿Puedes imaginar un terremoto tan grande como para que desaparezcan del mapa montañas como las Rocosas, el Everest o el Kilimanjaro, montañas sacudidas hasta quedar hechas polvo sobre el suelo? ¿Puedes visualizar toda la geografía del planeta tierra, transformada por un terremoto tan grande como para que islas como Hawái, las Filipinas, las Salomón y Gran Bretaña queden bajo el nivel del mar?

La mayoría de los estadounidenses sabe de la existencia de la Falla de San Andrés en la costa oeste: con un terremoto fuerte cerca de dicha grieta, millones serían testigos de una destrucción instantánea y masiva. ¿Puedes visualizar la ciudad de San Francisco, hundida en el océano Pacífico, junto a ciudades desde San Diego a Sacramento, en llamas a causa de las tuberías petroleras que se quebrarían… o las autopistas partidas, de modo que no pudieran llegar los vehículos de rescate… y a miles y miles de personas atrapadas entre los escombros de edificios de apartamentos y oficinas? Eso es nada más que un vistazo de la inmensa destrucción que causaría el terremoto que algunos de los geólogos norteamericanos más importantes confirman como «el Gran Terremoto que viene».

Hay pocas personas que saben que el Cuerpo de ingenieros del ejército ha identificado una falla mayor que recorre todo el río Mississippi, desde Nueva Orleans hasta Canadá. Los expertos afirman que un gran terremoto podría dividir en dos a esta nación».[9]

El Informe Geológico de los EE.UU. indica que entre 2008 y 2010, hubo 107,135 terremotos y, de ellos, 25.449 sucedieron en los EE.UU.

¿Cuán grande es nuestro Dios? Mucho más de lo que pueda imaginar la mente humana ¡y mucho más grande que cualquier cosa que se haya visto en la historia del mundo! Él nos está diciendo a gritos: ¡Se acerca el gran terremoto!

Los Estados Unidos y la anarquía

Jesús les dijo a sus discípulos de que antes de su regreso abundaría la anarquía (Mateo 24.12). Oímos las palabras del Rabí judío que le hablaba a su generación, palabras que hoy podrían estar como titulares de todos los medios informativos de los EE.UU.: «Anarquía». Jesús pintó la imagen de nuestra nación en pocas palabras: «Por haberse multiplicado la maldad» (Mateo 24.12).

La Biblia identifica al anticristo como el malvado, y las señales que produce a través del poder satánico demuestran su sed de poder, de ser la deidad. Es recibido como un dios en la tierra, y como gobernante, porque quienes le siguen son ciegos.

Y entonces se manifestará aquel inicuo, a quien el

Señor matará con el espíritu de su boca, y destruirá con el resplandor de su venida; inicuo cuyo advenimiento es por obra de Satanás, con gran poder y señales y prodigios mentirosos, y con todo engaño de iniquidad para los que se pierden, por cuanto no recibieron el amor de la verdad para ser salvos. Por esto Dios les envía un poder engañoso, para que crean la mentira.

(2 Tesalonicenses 2.8-11)

La Biblia dice que «todo espíritu que no confiesa que Jesucristo ha venido en carne, no es de Dios [sino de] el anticristo» (1 Juan 4.3), el espíritu del anticristo está vivo hoy en el mundo. Por cierto podemos ver el espíritu de rebelión que estalla en los EE.UU. El diccionario de la Real Academia Española define anarquía como: «1. Ausencia de poder público. 2. Desconcierto, incoherencia, barullo».

El último versículo del libro de los Jueces dice: «En estos días no había rey en Israel [no había liderazgo nacional]; cada uno hacía lo que bien le parecía» (21.25).

Cuando la autoridad se va, entra la anarquía.

Los EE.UU. tienen falta de liderazgo en el gobierno y estamos viendo una anarquía nacional como nunca la hubo en nuestra historia.

No hace mucho en las calles de Wisconsin hubo disturbios cuando los sindicatos luchaban por tomar el control del gobierno.[10] Los grupos de «Ocupemos Wall Street» que irrumpen en Union Square, en Nueva York, son la imagen más clara de la anarquía en el país. Por ejemplo, «según un memo de la oficina del FBI en Nueva York de agosto de 2011, personal del organismo se reunió con funcionarios de la Bolsa de Valores de Nueva York para hablar sobre la «protesta anarquista planificada como "Ocupemos Wall Street", programada para el 17 de septiembre de 2011».[11]

La protesta apareció en los sitios de internet anarquistas y en las redes sociales. El memo decía: «Ha habido numerosos incidentes en el pasado que muestran que grupos anarquistas intentan perturbar, influenciar o clausurar las operaciones normales de los negocios en los distritos financieros».[12]

¡El mundo está patas arriba! El bien y el mal, lo bueno y lo malo, ya no son absolutos. Se han vuelto relativos para la opinión personal. Cada uno hace lo que le parece. «Si me parece bien, está bien». Los EE.UU. tienen una moral y una ética que dependen del contexto y la situación: «Si no te gusta la ley, puedes violarla. Si te hace sentir bien ¡hazlo!». Como resultado lo que tenemos se llama caos civil.

Las noticias de todos los días nos muestran muchedumbres furiosas que levantan carteles de protesta y gritan obscenidades, exigiendo derechos especiales. Los EE.UU. se han convertido en una nación de grupos polarizados, cada uno con su propio plan, y que no evidencian tener consideración por el bienestar del país en su conjunto.

Los estudiantes universitarios protestan de manera violenta, y los que tienen opiniones diferentes son retirados del podio, se les niega el derecho básico de expresarse, mientras las autoridades solo miran desde un costado, rendidos ante la muchedumbre. Cuando llegan las cámaras de la televisión, la turba se vuelve más violenta. Llega la policía y tiene que hacer lo que los padres de esos estudiantes se negaron a hacer hace diez años.

Hay poca disciplina en el gobierno, en la escuela, en el hogar, en la mayoría de la gente. La rebelión contra la autoridad también se ve en la iglesia apóstata que ha tirado por la borda la disciplina y ya no menciona que es necesario sujetarse al liderazgo espiritual y civil.

La alternativa a la disciplina es el caos y la nación se convierte en un manicomio, donde los que mandan son los pacientes.

El colapso espiritual y moral de los EE.UU.

Los EE.UU. se han vuelto una nación de ciudadanos tan débiles, temerosos, permisivos, promiscuos que las fuerzas del mal sacan provecho de nuestro deterioro espiritual, de nuestra debilidad moral, y propagan el caos en toda la nación.

Gracias a nuestro sistema judicial tan retorcido el que comete un delito recibe más comprensión que la víctima de sus acciones. Los policías son juzgados por cumplir con su deber contra los delincuentes y sus prontuarios son tan largos como un rollo de papel que llega al suelo. ¿Quién violó la ley? ¿El delincuente o el policía? A los oficiales de la policía se les investiga mientras los delincuentes escriben libros que les dan riqueza, fama y celebridad cuando aparecen en los programas televisivos.

La ola de delitos de los EE.UU. en nuestros días no es solo producto del mal. Es directamente demoníaca. Cuando tienes jóvenes que irrumpen en escuelas y cines con rifles de asalto y disparan contra hombres, mujeres y niños inocentes, ¡no es que hay solo maldad! ¡Eso es acción demoníaca! Ya no se trata de crímenes. Son actos crueles, de verdugos sin corazón.

No hay rey en Israel (ni en los EE.UU. ni el mundo) y cada uno hace lo que le viene en gana, lo que le parece bien. Por mucho que algunos quieran justificarlo… y sea cual sea el nombre que le pongan… ¡no es más que anarquía!

Hace poco a un alumno de la Universidad Florida Atlantic su instructor Deandre Poole le dijo que escribiera el nombre de Jesús en un papel, que lo tirara al piso y lo pisoteara. Cuando el alumno se negó a hacerlo, lo sancionaron. No podría acceder a sus informes académicos hasta que las autoridades tomaran una decisión definitiva. ¡Estaban atacando su fe! Fox News mostró la historia y obtuvo una sinopsis de la lección que enseñaba el instructor. Cuando se hizo pública la noticia, la Universidad Florida Atlantic emitió una disculpa.[13]

Me pregunto si ese profesor se atrevería a mandar que uno de sus alumnos escribiera el nombre de Mahoma en un papel y lo pisoteara. ¡Eso jamás sucedería! Ese escándalo terminaría con su despido, y con una turba de manifestantes furiosos que exigiría su renuncia inmediata y una disculpa detallada. Pero en los EE.UU. atacar a los cristianos se ha vuelto casi un arte. El espíritu de la anarquía gobierna a nuestra nación.

En nuestro colapso espiritual y moral hemos olvidado ya la definición del matrimonio entre un hombre y una mujer. Hemos olvidado que la vida comienza en el momento de la concepción, y que destruir la vida en el vientre de la madre es asesinato en los tribunales del cielo.

Enfrentaremos cara a cara a Dios en el juicio por la muerte de los no nacidos de nuestra nación.

Hemos olvidado que hay una diferencia entre un varón y una mujer. «De la ciudad de Fountain, Colorado, llegan noticias de padres liberales que creen que su pequeño es en realidad una niña "por dentro"». Los padres insisten en que a su hijo de seis años se le permita asistir a clases vestido de niña y que pueda usar el baño de las chicas».[14]

Cuando la escuela les comunicó a los padres que no permitirían que su hijo usara el baño para niñas, los padres con ayuda de la Defensa Legal para los Transexuales y el fondo de Educación, presentaron una denuncia por discriminación en la División de Derechos Civiles de Colorado.[15]

¡Los EE.UU. van por el camino equivocado! ¡Despierta, Norteamérica! ¡Recuerda lo que dice la Palabra de Dios!

Bienaventurada la nación cuyo Dios es Jehová.

(SALMOS 33.12)

Los malos serán trasladados al Seol, todas las gentes que se olvidan de Dios.

(Salmos 9.17)

La justicia engrandece a la nación; mas el pecado es afrenta de las naciones.

(Proverbios 14.34)

Después de describir la anarquía Jesús prosiguió hablando en su conferencia sobre profecía con los Doce, presentándoles el concepto del *evangelio del reino*.

CAPÍTULO 10
El evangelio del reino

Y será predicado este evangelio del reino
en todo el mundo, para testimonio a todas las naciones;
y entonces vendrá el fin.

—MATEO 24.14

Después del Rapto o arrebatamiento de la iglesia el anticristo tendrá control total de la tierra. Perseguirá a quienes se nieguen a llevar su marca (Apocalipsis 13.7). Y muchos morirán la muerte de los mártires. Por esa razón Jesús dijo: «Mas el que persevere hasta el fin, éste será salvo» (Mateo 24.13).

Juan el Bautista predicó el *evangelio del reino:* «En aquellos días vino Juan el Bautista predicando en el desierto de Judea, y diciendo: Arrepentíos, porque el reino de los cielos se ha acercado» (Mateo 3.1-2).

Jesús predicó el mensaje de arrepentimiento en Mateo 4.17. «Desde entonces comenzó Jesús a predicar, y a decir: Arrepentíos, porque el reino de los cielos se ha acercado». También, envió a sus discípulos a predicar el mismo mensaje (Mateo 10).

Durante el reinado del anticristo se predicará en todo el mundo el *evangelio del reino*. Lo predicarán ciento cuarenta y cuatro mil, de las doce tribus de Israel, que tendrán sus frentes selladas para protegerles del poder del anticristo que desea destruirlos (Apocalipsis 7.3-4).

Dios también enviará a sus ángeles a predicar el *evangelio del reino* a las naciones del mundo (Apocalipsis 14.6-7). Y además Dios enviará a Elías al pueblo judío para que les diga: «¡Viene el Mesías!». El último mensaje del Antiguo Testamento para el pueblo judío les decía que esperaran al profeta Elías:

«He aquí, yo os envío el profeta Elías, antes que venga el día de Jehová, grande y terrible».

(Malaquías 4.5)

A lo largo de los siglos, en cada celebración de la Pascua y en un momento específico de la comida, los judíos han abierto las puertas de sus casas para que Elías entre y se siente en el lugar de la mesa que está reservado exclusivamente para él.

Durante la tribulación, Israel firmará un tratado de paz de

siete años con el anticristo para garantizar la seguridad de su nación contra todas las naciones hostiles que les rodean. En mi opinión y basándome en el antecedente histórico que estableció Adriano el año 135 D.C., al pueblo judío también el anticristo le dará permiso para que reconstruya el tercer templo sobre el monte del Templo. Pero luego violará ese tratado, por lo que Elías y Enoc se aparecerán ante el pueblo judío. Estos dos testigos predicarán el *evangelio del reino* con un poder sobrenatural que impactará. La Biblia dice:

> Si alguno quiere dañarlos, sale fuego de la boca de ellos, y devora a sus enemigos ... Estos tienen poder para cerrar el cielo, a fin de que no llueva en los días de su profecía; y tienen poder sobre las aguas para convertirlas en sangre...
>
> (APOCALIPSIS 11.5-6)

Como resultado de la predicación del evangelio del reino habrá muchos que llegarán a la fe en Cristo durante la tribulación. A lo largo del tiempo Pablo declara que todo Israel será salvo, como lo fue él, por divina revelación cuando cayeron de sus ojos las escamas que lo cegaban en su juicio y le impedían reconocer a Jesucristo (Romanos 11.25).

El impacto de los ángeles que vuelan en los cielos predicando el evangelio del reino, y el de los dos testigos, producirá una cosecha de almas, «una multitud tomada de todas las naciones, tribus, pueblos y lenguas; era tan grande que nadie podía contarla» (Apocalipsis 7.9). Las multitudes habrán «lavado sus ropas, y las han emblanquecido en la sangre del Cordero» (v. 14).

Hasta el momento del Rapto, la iglesia ha de predicar el *evangelio de la salvación*. El mensaje de la Primera Venida de Cristo, que habla del nacimiento virgen de Cristo, de su vida, muerte y resurrección. La predicación del evangelio de salvación produce nuestra redención por gracia, a través de la fe en Cristo, y promete la vida eterna.

> En él también vosotros, habiendo oído la palabra de verdad, el evangelio de vuestra salvación, y habiendo creído en él, fuisteis sellados con el Espíritu Santo de la promesa.
>
> (EFESIOS 1.13)

Ahora Jesús les recuerda a sus discípulos los tiempos peligrosos a los que se refirió Daniel como «abominación desoladora».

LA ABOMINACIÓN DE ANTÍOCO EPÍFANES

> Así que cuando vean en el lugar santo «la abominación desoladora», de que habló el profeta Daniel (el que lee, que lo entienda).
>
> (MATEO 24.15)

¿Qué es esta «abominación desoladora»? Es la profanación

del templo de Jerusalén y la cancelación de los sacrificios sangrientos por la propiciación del pecado.

Daniel (7-6 A.C.) profetizó acerca del cruel rey griego Antíoco Epífanes, diciendo: «Y se levantarán de su parte tropas que profanarán el santuario y la fortaleza, y quitarán el continuo sacrificio, y pondrán la abominación desoladora» (Daniel 11.31).

Antíoco Epífanes gobernó a los judíos entre 175 y 164 A.C., y mató durante su reinado a más de cien mil personas. Epífanes odiaba al pueblo judío y como deseaba profanar el templo ofreció una cerda en el altar que, según la ley de Moisés, era un animal impuro que hacía que el templo fuera impuro, una abominación desoladora para el pueblo judío (Levítico 11.7). Además de ofrecer en sacrificio una cerda sobre el altar Antíoco erigió en el templo del Señor una estatua del dios griego Júpiter.

Daniel profetiza sobre la «abominación» de Epífanes. En Mateo 24 Jesús se refiere a la desoladora abominación futura del anticristo diciendo que él será como Epífanes, que puso a un ídolo griego en el templo, pero el anticristo levantará una imagen de *sí mismo* para que todos le adoren.

El libro del Apocalipsis hace clara referencia a esa imagen:

Y el tercer ángel los siguió, diciendo a gran voz: Si alguno adora a la bestia *y a su imagen*, y recibe la marca en su frente o en su mano, él también beberá del vino de la ira de Dios, que ha sido vaciado puro en el cáliz de su ira; y será atormentado con fuego y azufre delante de los santos ángeles y del Cordero; y el humo de su tormento sube por los siglos de los siglos. Y no tienen reposo de día ni de noche los que adoran a la bestia *y a su imagen*, ni nadie que reciba la marca de su nombre.

(APOCALIPSIS 14.9-11)

LA ABOMINACIÓN DEL GENERAL TITO

En el año 70 D.C., el general romano Tito fue enviado a Jerusalén para que aplastara a la resistencia judía que se oponía al Imperio Romano. Tito ubicó un águila romana sobre la entrada del templo, un animal impuro según la ley de los judíos, abominación y sacrilegio para su pueblo (Levítico 11.13). En el templo se ubicaron también estandartes romanos que representaban a sus ídolos. Era la «abominación desoladora».

Jerusalén fue destruida y también el templo. Echaron al pueblo judío de su amada ciudad capital y sobre las ruinas el ejército romano levantó una guarnición militar. Mientras tanto en la ciudad de Roma se celebraba la victoria sobre Jerusalén con la construcción del enorme Arco de Tito, cerca de la entrada al Coliseo romano. He estado allí y he visto ese tributo a Tito, responsable de la muerte de cientos de miles de judíos.

Sobre el arco de Tito hay figuras de un gran desfile militar, con triunfantes soldados romanos que se llevan los tesoros del templo de Jerusalén y arrean como ganado a setenta mil cautivos judíos que llevarían a Roma. Esos judíos cautivos fueron los que, obligados, tuvieron que levantar el Coliseo romano donde miles de cristianos terminaron devorados por leones, asesinados por su testimonio de fe en Cristo. Se les consideraba enemigos del estado, y eran sentenciados a pena de muerte por decir: «¡Jesús es el Señor!».

En el año 107 D.C., el emperador Trajano fue a Antioquía y obligó a los cristianos a elegir entre los dioses romanos paganos y la muerte. Ignacio se negó y el emperador lo condenó a muerte, a morir despedazado por bestias salvajes en Roma, «damnatio ad bestia». Ignacio fue llevado a Roma, bajo escolta militar, y no mostró miedo alguno por ser devorado por los leones en el Coliseo romano.[1]

La abominación del emperador Adriano

Un líder romano todavía más demoníaco, Adriano, entró en el escenario de la historia en el año 117 D.C., como emperador de Roma. Adriano le prometió al remanente judío que quedaba en la ciudad que iba a restaurar Jerusalén y a reconstruir el templo. El pueblo judío estaba jubiloso, lleno de esperanza.

En el año 130 D.C., Adriano rompió su promesa al pueblo judío. Sí que iba a reconstruir Jerusalén, pero como ciudad romana que llamaría Aelia Capitolina. *Aelia* reflejaba el segundo nombre de Adriano, lo cual indicaba un acto de adoración imperial. Y *Capitolina* sería un recordatorio de que la ciudad estaba dedicada a la adoración de los dioses romanos. En el corazón de una ciudad convertida en pagana se levantó un templo a Júpiter (Satanás) sobre el monte Sion, profanando así el lugar del santo templo. Fue la abominación desoladora.[2]

Adriano seguía los pasos de Antíoco Epífanes, atormentando al pueblo judío. Adriano declaró que eran ilegales la circuncisión, la observancia del sábado y las oraciones en la sinagoga, en su esfuerzo por asimilar a los judíos al Imperio Romano.[3]

En su furia contra los judíos, Adriano intentó borrar su nombre y su existencia de las páginas de la historia mundial. Decretó que en los mapas del Imperio Romano ya no apareciera el nombre de *Judea*, el que debía reemplazarse por *Palestina*, por el nombre de los antiguos enemigos de Israel (filisteos). Goliat de Gat era filisteo.[4]

En la historia jamás hubo un grupo autónomo o un pueblo que se llamara palestino. Fue a partir de la llegada de Yasser Arafat en 1959 y su organización terrorista (la OLP) que surgió el término *palestinos* para describir a un grupo específico.

El próximo dictador cruel que copiará los patrones de Adriano será el anticristo, descrito por el profeta Daniel y a quien hizo referencia Jesús durante su conferencia de profecía.

La abominación desoladora del anticristo

Daniel 7.8 se refiere al anticristo cuando habla de «otro cuerno más pequeño». En las Escrituras proféticas un «cuerno» representa al rey de un imperio existente o futuro. Esa profecía nos presenta una figura (el anticristo) que será elevada a una posición de autoridad sobre diez naciones que surgen del Imperio Romano original.

Aquel a quien Juan llamó «la bestia» ascenderá al poder, no por conquista militar sino por pedido del pueblo (Apocalipsis 17.13). ¡Y al fin se convertirá en líder del Nuevo Orden Mundial!

Aparecerá en la escena mundial hacia «el fin del reinado de éstos» (Daniel 8.23) de la historia de Israel. Es gentil porque surge del mar (Apocalipsis 13.1), que representa a las naciones del mundo (Apocalipsis 17.15).

El anticristo vendrá del Imperio Romano puesto que gobierna al pueblo que destruyó a Jerusalén (Daniel 9.26). Será un líder político de un gobierno mundial con diez cabezas y diez cuernos (Apocalipsis 13.1). Eso significa que cuando asuma el poder habrá, durante un corto tiempo, un Nuevo Orden Mundial con diez líderes. El anticristo conquistará a tres de esos líderes y llevará puestas sus coronas. Una vez más imitará a Jesucristo, Rey de todos los reyes y Señor de todos los señores.

El anticristo que vendrá será la máxima «abominación desoladora» ya que se presentará como dios (Daniel 11.36-37; Apocalipsis 13.5) y exigirá que el mundo le adore. Levantará su propia imagen en Jerusalén y se presentará como salvador del mundo.

Ese «cuerno pequeño», ese hijo de perdición —hijo principal de Satanás— será ungido para recibir poder demoníaco del mismo Satanás (Ezequiel 28.9-12; Apocalipsis 13.4). Le impulsa el espíritu demoníaco del orgullo que le da directamente el príncipe de las tinieblas. Hará que prospere el engaño (Daniel 8.25) y será arrogante en extremo. Daniel afirma: «Con su sagacidad hará prosperar el engaño en su mano; y en su corazón se engrandecerá, y sin aviso destruirá a muchos; y se levantará contra el Príncipe de los príncipes, pero será quebrantado, aunque no por mano humana» (8.25), lo cual significa que el anticristo hará tratados de paz sin la intención de cumplirlos, en especial con Israel.

Blasfemará contra Dios, como afirma Juan el Revelador: «Y abrió su boca en blasfemias contra Dios» (Apocalipsis 13.6). Obligará a todos los seres humanos del planeta a llevar su marca, sin la cual no se podrá comprar ni vender (vv. 16-17). La tecnología informática hoy sirve para marcar y seguir a toda persona del planeta mediante chips de computadora que guardan una cantidad ilimitada de datos, y que permitirán que el Nuevo Orden Mundial tenga el control total.

¿Cuál es el futuro del anticristo? La mano de Dios, defensor de Israel, le derrotará. Lo arrojará vivo al abismo con el falso profeta que le ayudó a engañar a las naciones para que creyeran que era dios (Apocalipsis 19.20).

¿Cómo podrán Israel y el pueblo judío finalmente identificar al anticristo? Lo sabrán por la señal específica de que repetirá la abominación desoladora de Antíoco Epífanes, Tito y Adriano.

La advertencia de Jesús al pueblo judío sobre el tiempo, y la identidad del anticristo, es como sigue:

Entonces los que estén en Judea, huyan a los montes. El

que esté en la azotea, no descienda para tomar algo de su casa; y el que esté en el campo, no vuelva atrás para tomar su capa. Mas ¡ay de las que estén encintas, y de las que críen en aquellos días! Orad, pues, que vuestra huida no sea en invierno ni en día de reposo.

(MATEO 24.16-20)

Este texto demuestra que el anticristo vendrá cuando la ley judía controle a Israel. Orar porque «su huida no suceda en... sábado» solo sería posible si el pueblo judío está viviendo en Israel y están vigentes las leyes del sábado. Según la Torá, un judío no puede caminar más que la distancia que se cubre en un día de sábado, con la excepción de situaciones de emergencia. *Ese día* se aplica la excepción a la regla y el pueblo judío podrá correr la distancia que sea para salvar sus vidas.

LA GRAN TRIBULACIÓN

Mateo 24.21 dice: «Porque habrá entonces gran tribulación, cual no la ha habido desde el principio del mundo hasta ahora, ni la habrá».

Recordemos que Mateo 24 es un mensaje de un Rabí judío a sus doce discípulos hebreos. Jesús dice que ese tiempo de gran tribulación será peor que cualquier cosa que haya sucedido en la historia. Al recordar cómo destruyeron los babilonios a Jerusalén, a los judíos que eran más de un millón y que murieron cuando Tito sitió la ciudad en el año 70 D.C., o al pensar en los monstruosos actos de Adriano en 130 D.C., y la matanza sistemática de seis millones de judíos en el holocausto de Hitler, la mente no logra comprender una prueba y tribulación que pueda ser peor que esas atrocidades. Pero Jesús, el Señor omnisciente, dice que vendrá una tribulación mayor que esas. El profeta Daniel describe ese tiempo como «de angustia, cual nunca fue desde que hubo gente hasta entonces» (12.1).

Algunos enseñan que hoy estamos pasando por la Gran Tribulación. Nuestra nación está bajo el juicio de Dios pero los tiempos que vivimos son fáciles y placenteros comparados con lo que vendrá en la Gran Tribulación.

En Apocalipsis 9.15 leemos que en un día determinado durante la Gran Tribulación, perderá la vida un tercio de la humanidad. ¡Medita en eso! Hay unos seis mil millones de personas en el planeta tierra en nuestros días. ¡Piensa en la matanza de dos mil millones de personas, en veinticuatro horas, en todo el mundo!

Apocalipsis 6 describe al caballo rojo de la guerra, al caballo negro del hambre y al caballo amarillento. Esta *trinidad tortuosa* recorre la faz de la tierra como trueno comandada por el anticristo que cabalga sobre el caballo blanco de Apocalipsis 6.1.

La Biblia registra que en la batalla final por la supremacía global en Armagedón, «del lagar salió sangre hasta los frenos de los caballos, por mil seiscientos estadios» (Apocalipsis 14.20).

Esa dimensión de sufrimiento y muerte es algo que la mente no llega a abarcar; por eso Jesucristo, el Hijo de Dios, la llama precisamente «Gran Tribulación».

La mega erradicación de seres humanos parecía algo imposible de entender, pero con el holocausto que resultará de los efectos de una guerra nuclear global, también parece inevitable la matanza de dos mil millones de personas en un día.

El genio nuclear ya ha salido de la lámpara y Armagedón está golpeando a la puerta.

RELÁMPAGOS DE ORIENTE

Cuando Jesús vino a la tierra por primera vez en Belén solamente María, José y unos pocos pastores estuvieron junto al pesebre para el nacimiento del Hijo de Dios.

Pero cuando venga por segunda vez, como lo describe Apocalipsis 19.11-16, el mundo entero lo verá. La Biblia dice:

> Porque como el relámpago que sale del oriente y se muestra hasta el occidente, así será también la venida del Hijo del Hombre. (MATEO 24.27)

¿Has visto alguna vez una tormenta eléctrica? Los relámpagos brillantes rasgan los cielos, en un espectáculo que nadie puede ignorar. Es tan deslumbrante que te ciega.

La oscuridad envolverá a la tierra en la última parte de la tribulación debido a que el sol, la luna y las estrellas no darán la luz de siempre (Apocalipsis 8.12). Esta oscuridad sobrenatural se partirá con la insuperable brillantez de la gloria divina, como no lo ha visto la humanidad en toda su historia.

Recuerda que cuando los seguidores de Jesús lo vieron en la mañana de la resurrección, cayeron a sus pies y los soldados romanos que estaban de guardia en la tumba cayeron como muertos a causa de la luz que les cegaba. Juan el Revelador cayó a sus pies como muerto porque «su rostro era como el sol cuando resplandece en su fuerza» (Apocalipsis 1.16). Si intentas mirar al sol directamente cuando está en su plenitud, aunque esté a millones de kilómetros de distancia, te quedas ciego.

Cuando vuelva Jesús, iluminará los cielos.

El libro de Apocalipsis declara que la Nueva Jerusalén «no tiene necesidad de sol ni de luna que brillen en ella; porque la gloria de Dios la ilumina, y el Cordero es su lumbrera. Y las naciones que hubieren sido salvas andarán a la luz de ella; y los reyes de la tierra traerán su gloria y honor a ella. Sus puertas nunca serán cerradas de día, pues allí no habrá noche» (Apocalipsis 21.23-25).

¡El Rey viene!

Sin embargo, antes de su retorno triunfal, hay que ajustar cuentas.

LOS QUE ATORMENTAN A ISRAEL

Creo que en el discurso de Jesús en el monte de los Olivos hay un versículo con un misterio oculto, un significado que aun así es obvio, y se refiere a todas las naciones que atormentaron o atormentarán al pueblo judío y amenazan con destruir la tierra de Israel, tierra de la promesa de Dios. Leemos:

Porque donde quiera que estuviere el cuerpo muerto, allí se juntarán las águilas.

(MATEO 24.28)

El significado *oculto* hace referencia a los dos imperios del mal que atormentaron al pueblo judío más que cualquier otra nación de la tierra: los romanos y el Tercer Reich de los nazis. Estas dos naciones lucharon bajo la bandera y el símbolo del águila. Cada uno de los oficiales romanos tenía la figura de un águila en la punta de su lanza. Tito puso la figura de un águila en el templo de Jerusalén y la bandera nazi demoníaca de Hitler tenía la figura del águila como blasón.

Roma fue responsable de la matanza de judíos bajo Tito y Adriano en Jerusalén. El Tercer Reich de Hitler sistemáticamente asesinó a seis millones de personas del pueblo escogido, en los campos de la muerte de Europa. Dios Todopoderoso no lo ha olvidado y tiene reservado un día especial en que esos imperios del mal tendrán que pagar.

El próximo gran conflicto profético que estallará en Medio Oriente es la Guerra de Gog y Magog. Entre las naciones que se unirán en contra de Israel está Alemania, que seguirá a Rusia e Irán. También serán aliados Etiopía, Libia y Turquía (Ezequiel 38.5-6).

Dios no ha olvidado el intento de la antigua Persia (hoy Irán) de aniquilar al pueblo judío con la conspiración de Amán. Y todavía recuerda la abominación de Epífanes, Tito y Adriano.

Recuerda los pogromos de Rusia donde murieron cientos de miles de sus amados escogidos. La sangre de los seis millones clama a Dios. Y así como Hitler planificó una «solución final» para el pueblo judío, Dios está planificando una solución final para los enemigos de Israel.

El profeta Ezequiel lo dice con toda claridad: Dios va a matar al ochenta y cuatro por ciento del ejército de Gog y Magog cuando pongan sus pies en el suelo sagrado de Israel (Ezequiel 39.1-2). Y lo hará apedreándolos con su propia mano, con terremotos terribles que harán que «la espada de cada cual será contra su hermano» (38.21).

El Imperio Romano original renacerá y su líder será el anticristo, en su entrada a Israel para la Batalla de Armagedón, la última batalla del libro del Apocalipsis. Jesucristo causará la muerte de los ejércitos invasores por sus atrocidades contra el pueblo judío (Apocalipsis 19.13-15).

Una vez más, eso se refiere al *significado oculto* evidenciado por las aves sobre los cadáveres. Cadáver es una referencia a la muerte. Y las aves, que también pueden traducirse como «buitres» representan a todas las naciones que atormentaron a Israel.

El *significado obvio* de Mateo 24.28 se revela en Apocalipsis 19.17-21, cuando Dios mismo invite a las aves de la tierra a comer la carne de los cadáveres de quienes han atacado a Israel. La Biblia describe la escena de manera muy gráfica:

Y vi a un ángel que estaba en pie en el sol, y clamó a

gran voz, diciendo a todas las aves que vuelan en medio del cielo: Venid, y congregaos a la gran cena de Dios, para que comáis carnes de reyes y de capitanes, y carnes de fuertes, carnes de caballos y de sus jinetes, y carnes de todos, libres y esclavos, pequeños y grandes … y todas las aves se saciaron de las carnes de ellos.

(APOCALIPSIS 19.17-18, 21)

Las naciones que han tocado a la niña de los ojos de Dios, y que intenten atormentarla en el futuro, serán completamente destruidas sobre las colinas de Israel. Lo hará el Dios de Abraham, Isaac y Jacob.

¡Y va a suceder!

Después de hablarles a sus discípulos sobre la Gran Tribulación (Mateo 24.15-29), el Rabí continuó con su discurso en el monte de los Olivos, describiendo el siguiente gran suceso en su recopilación profética del mundo de mañana.

CAPÍTULO 11
La Segunda Venida

....

Entonces aparecerá la señal del Hijo del Hombre en el
cielo; y entonces lamentarán todas las tribus de la tierra,
y verán al Hijo del Hombre viniendo sobre las nubes del
cielo, con poder y gran gloria.

....

—MATEO 24.30

Jesucristo vuelve en su Segunda Venida a un mundo que vive
en el indescriptible terror de la Gran Tribulación. Es un mundo donde la gente está buscando cualquier rayito de esperanza y
siguen incluso a falsos profetas buscando su redención. Deses-
perados, creen y difunden informes falsos que dicen: «¡Miren
que está en el desierto!», no salgan; o: «¡Miren que está en los
aposentos!» (Mateo 24.26).

Durante ese tiempo el falso profeta del anticristo obrará milagros y debido a ellos el engaño hará estragos «engañarán, si fuere posible, aun a los escogidos» (v. 24).

Cristo le advierte a su generación y a las que vendrán que «no lo creáis» (v. 26). El Rabí describe su Segunda Venida no como alguien que está en el desierto sino «como el relámpago que sale del oriente y se muestra hasta el occidente» (v. 27). Creo que Jesús aparecerá primero en Jerusalén (oriente) y su radiante luz llegará al oeste, como cuando brilla el sol en toda su plenitud.

Con la Segunda Venida de Cristo se «lamentarán todas las tribus de la tierra» (v. 30) ¿Por qué? Porque la gran mayoría de los que no acepten la marca de la bestia serán asesinados por el anticristo y muchos de los que queden acabarán como discípulos endemoniados del príncipe de las tinieblas.

Las «razas de la tierra» son las mismas personas que se regalarán obsequios celebratorios unos a otros cuando el anticristo mate al profeta Elías y a Enoc en las calles de Jerusalén (Apocalipsis 11.10). Son personas réprobas que odian a Dios, sirvientes del anticristo que adoran al diablo y que lloran porque Jesucristo destruirá al reino impío que idolatran.

PODER Y GLORIA

Jesús dijo que regresará «sobre las nubes del cielo, con poder y gran gloria» (Mateo 24.30).

La primera vez que vino él era el Cordero de Dios, asesinado desde los fundamentos de la tierra, que no abrió su boca y fue llevado al matadero para tu redención y la mía. Pero cuando vuelva por segunda vez será el León de Judá que ruge y hace templar a la tierra con su poder y su gloria. Aplastará a los reyes de oriente (China) y occidente (Europa), los que el anticristo tendrá bajo su liderazgo.

La primera vez que vino lo arrastraron ante Pilato y Herodes. La próxima vez que venga, los reyes y reinas, presidentes y primeros ministros, senadores y gobernadores de las naciones del mundo formarán fila en Jerusalén para inclinarse ante Jesucristo, el hijo del carpintero, el Hijo del rey David, descendiente sanguíneo de Abraham, Isaac y Jacob. La Biblia dice: « para que en el nombre de Jesús se doble toda rodilla … y toda lengua confiese que Jesucristo es el Señor, para gloria de Dios Padre» (Filipenses 2.10-11).

Cuando vino por primera vez entró en Jerusalén montado sobre un asno. La segunda vez, cabalgará un corcel blanco, su nombre será Fiel y Verdad; juzgará con justicia y hará la guerra. Sus ojos serán

como llama de fuego y habrá muchas coronas sobre su cabeza. Estará vestido con vestiduras mojadas con la sangre de sus enemigos y los enemigos de Israel y su nombre será la Palabra de Dios. Los ejércitos que están en el cielo, vestidos con blancas vestiduras, le seguirán sobre caballos blancos.

De su boca sale una espada aguda, para herir con ella a las naciones, y él las regirá con vara de hierro; y él pisa

el lagar del vino del furor y de la ira del Dios Todopoderoso. Y en su vestidura y en su muslo tiene escrito
este nombre: REY DE REYES Y SEÑOR DE SEÑORES.

(APOCALIPSIS 19.15-16)

REUNIRÁ A LOS ESCOGIDOS

Dios creó la tierra y como Dueño del planeta hizo un pacto divino con Abraham, Isaac y Jacob, para que la tierra de Israel fuera
de ellos por siempre. Desde el libro de Génesis hasta hoy, tiranos
y dictadores han hecho todo lo que estaba a su alcance para qui-
tarle la tierra de Israel al pueblo judío.

Pronto llegará el día en que Dios Todopoderoso aplastará a
los enemigos de Israel de una vez y para siempre. Recuerda que
las referencias del discurso del monte de los Olivos a «los escogidos» (Mateo 24:24, 31) describen al pueblo judío, no a la iglesia.

Los «escogidos» es la nación que Dios ha elegido según lo
registra el libro de Éxodo 19.5-6:

Ahora, pues, si [ustedes, el pueblo judío] diereis oído
a mi voz, y guardareis mi pacto, vosotros seréis mi especial tesoro sobre todos los pueblos; porque mía es
toda la tierra. Y vosotros me seréis un reino de sacerdotes, y gente santa. Estas son las palabras que dirás a
los hijos de Israel.

En la tribulación la mano de Dios protegerá al pueblo judío en la fortaleza natural de Petra ubicada en Jordania. Cuando sean destruidos los enemigos de Israel Dios, «enviará sus ángeles con gran voz de trompeta, y juntarán a sus escogidos [el pueblo judío], de los cuatro vientos, desde un extremo del cielo hasta el otro» (Mateo 24.31).

Durante la era dorada de la paz —el reino milenial— los gentiles justos y el pueblo judío serán el centro junto con el Mesías. Todos los demás serán echados por toda la eternidad a las tinieblas. Los hombres ya no estudiarán la guerra; y todos y cada uno «volverán sus espadas en rejas de arado, y sus lanzas en hoces» (Isaías 2.4). El lobo no se comerá al cordero y el reino de nuestro Dios durará por siempre.

> Morará el lobo con el cordero, y el leopardo con el cabrito se acostará; el becerro y el león y la bestia doméstica andarán juntos, y un niño los pastoreará.
>
> (Isaías 11.6)

Empezando con el estudio de las señales de los cielos, y pasando por la columna vertebral de la profecía, he intentado establecer un fundamento bíblico para la profética imagen que Dios nos da respecto de las cuatro lunas de sangre que vienen. Si no entendemos con claridad y de manera concisa el plan de Dios que se nos revela en las Escrituras, las cuatro lunas de sangre no serán nada más que un suceso cósmico espectacular, más que el cumplimiento de la profecía. Hay una razón por la que Dios nos advierte que «miremos al cielo» en cuanto a la venida del Señor.

Su regreso está más cerca de lo que piensas.

La Biblia y la historia humana una vez más se pondrán en línea con el sol, la luna y las estrellas; y eso lo veremos al descubrir la verdad de las cuatro lunas de sangre.

¡Prepárate para el asombro!

TERCERA SECCIÓN

CUATRO LUNAS DE SANGRE

CAPÍTULO 12
Las cuatro lunas de sangre y las dos fiestas

Y daré prodigios arriba en el cielo,

y señales abajo en la tierra,

sangre y fuego y vapor de humo;

el sol se convertirá en tinieblas,

y la luna en sangre,

antes que venga el día del Señor,

grande y manifiesto.

—Hechos 2.19-20

Empecé mi investigación buscando respuestas en base al desafío que me planteó el pastor Mark: «¿Has considerado al sol, la luna y las estrellas en el estudio de la profecía?».

Lo que descubrió la NASA

Mi primer intento fue entrar en el sitio de Internet de la NASA y buscar señales lunares allí. No soy un genio de la computadora. Mi secretaria sí. Pero no estaba conmigo, así que solo seguí buscando y no pude encontrar nada que confirmara la relación entre las cuatro lunas de sangre y la profecía.

Las Escrituras hablan de «señales en el cielo», y muchas de ellas han sido confirmadas por la NASA. Tanto la Biblia como los mejores científicos de los EE.UU. concuerdan en que el planeta tierra observa señales en el cielo que van en notable aumento, tanto en cantidad como en intensidad. Pero aun así no hallé la relación con la profecía.

Después pensé por un momento y recordé mi conversación con el pastor Mark. Tal vez esas señales lunares estén destinadas a Israel. Dios es el defensor de Israel. Él creó a Israel. Israel es su primogénito (Éxodo 4.22). Elegí entonces la primera fecha que me vino a la mente, el año del renacimiento de Israel. Ingresé en el buscador lo siguiente: «Eclipse lunar total de 1948».

Lo que apareció en la pantalla de la computadora hizo que casi me cayera de la silla.

En la Pascua y el Sucot de 2014 y 2015 habrá cuatro eclipses lunares totales «de sangre». Eso ya sucedió en 1492, 1949 y 1967.[1]

¡Eran las tres fechas más importantes de toda la historia de

Israel!

Hubo ya varias tétradas (cuatro lunas de sangre consecutivas) desde que la NASA empezó a registrarlas, pero solo tres veces en más de quinientos años ha habido tétradas vinculadas con hechos importantes en la historia de los judíos. Eran sucesos específicos que no podía ignorar. Seguí investigando y llegué a la inequívoca verdad bíblica y científica de que vuelven a ocurrir por cuarta vez.

Consideré qué haría a continuación. Cuando descubro una potencial nueva revelación profética siempre acudo a la verdad absoluta de la Palabra de Dios, fundamento de toda investigación y enseñanza bíblica que sea sana.

LA VERDAD ABSOLUTA

Dios Todopoderoso es el Creador de los cielos y la tierra. El primer capítulo de Génesis es, de todos los de la Biblia, el más centrado en Dios. En treinta y un versículos se menciona el nombre de Dios treinta y dos veces. La afirmación «Dios creó los cielos y la tierra» de Génesis 1.1 barre con el ateísmo al afirmar la todopoderosa existencia de Dios. ¡Dios es! No está tratando de ser: ¡*Él es*!

Desde la primera palabra de Génesis, hasta la última del libro del Apocalipsis hay un solo Dios.

Es el Dios de Abraham, Isaac y Jacob. Es aquel que tomó un puñado de polvo, respiró su aliento sobre ese polvo e hizo que el hombre existiera como alma viva. Dios es aquel que envió a su

Hijo a morir en la cruz para redimirnos. Es aquel que tiene los siete mares en la palma de su mano. Es el Dios que creó a Israel (Génesis 12) y es el Defensor de Israel (Zacarías 12.8)

> Oye, Israel: Jehová nuestro Dios, Jehová uno es.
>
> (Deuteronomio 6.4)

Esta afirmación echa por tierra al politeísmo, que es la adoración a muchos dioses. El apóstol Pablo estaba describiendo nuestra sociedad de hoy cuando escribió:

> También debes saber esto: que en los postreros días ... habrá hombres amadores de sí mismos, avaros, vanagloriosos, soberbios, blasfemos, desobedientes a los padres, ingratos, impíos, sin afecto natural, implacables, calumniadores, intemperantes, crueles, aborrecedores de lo bueno, traidores, impetuosos, infatuados, amadores de los deleites más que de Dios, que tendrán apariencia de piedad, pero negarán la eficacia de ella; a éstos evita.
>
> (2 Timoteo 3.1-5)

El mundo se ha descarriado y necesitamos una señal de Dios para volver a encarrilarnos: ¡las cuatro lunas de sangre podrían ser esa señal!

Si Dios les dio a Josué y Ezequías una señal en los cielos, y si puso una señal en el cielo para guiar a los sabios hasta el lugar donde nació nuestro Redentor, ¿por qué no seguiría hablándonos a través de señales? Dios es el mismo ayer, hoy y siempre; y ha declarado que le dará a la última generación una señal de que sucederá algo grande, *algo que estremecerá a la tierra*.

Él es el Dios que tomó en su puño las estrellas brillantes y las arrojó contra el terciopelo de la noche. Llama por nombre a las estrellas que todavía no hemos ubicado, ni siquiera con la sofisticación del telescopio Hubble. Es un hecho que el Creador del cielo y la tierra tiene el control del universo y nos está dando señales en los cielos para alertarnos en cuanto a las cosas que vendrán. La pregunta es: «¿Estamos observando?».

Las fiestas del Señor

En mi libro *His glory revealed* explico las aplicaciones bíblicas de las siete fiestas de Israel, brindando el relato histórico relevante de cada una y sus interpretaciones proféticas.

Las fiestas del Señor (festivales) tienen por intención acercar las mentes y corazones del pueblo a Dios; son tiempos de comunión y gozo. Finalmente, ilustran profundas verdades espirituales que crean una imagen del plan maestro de Dios para todas las épocas. Por medio de esos festivales Dios nos brinda la imagen de lo que ya ha hecho, y también la imagen profética de lo que vendrá en los próximos años.

El término hebreo *moed* es el que se usa para «fiesta» e indica un momento establecido. También *mikrah* tiene un significado similar e indica «ensayo o concierto». Cada una de las fiestas, como si fuera un ensayo, nos ofrece un importante vistazo de lo que es el plan profético de Dios. Esas fiestas en su conjunto, establecidas divinamente poco después de que Dios liberara a los israelitas de la esclavitud de Egipto, serían un plano espiritual de lo que les espera a Israel, a Jerusalén y al resto del mundo.

Todas las fiestas judías comienzan al atardecer de la fecha anterior a la que indican casi todos los calendarios. Es porque el «día» judío empieza y termina cuando se pone el sol, no a medianoche como en el calendario gregoriano.

Si lees la historia de la creación en Génesis 1 notarás que dice: «Y vino la noche, y llegó la mañana: ése fue el primer día». De allí concluimos que el día empieza cuando viene la noche y termina cuando llega la noche siguiente. Es decir, crepúsculo a crepúsculo.

Al presentar el significado e importancia de las cuatro lunas de sangre en los capítulos que siguen, mencionaré dos fiestas que están directamente relacionadas con esos acontecimientos, tanto en el pasado como en el futuro. Y para entender mejor su destacada relación voy a describirlas brevemente. Se trata de la Pascua (Pesaj) y la fiesta de los tabernáculos, que también se conoce como fiesta de las cabañas o de las enramadas (Sucot).

LA PASCUA

La Pascua (Pesaj) empieza el día 15 del mes de Nisán en el calendario judío. Es el primero de dos grandes festivales que tienen significado histórico y agrícola, que ocurren en la tétrada.

Estas son las fiestas solemnes de Jehová, las convocaciones santas, a las cuales convocaréis en sus tiempos: En el mes primero, a los catorce del mes, entre las dos tardes, pascua es de Jehová.   (LEVÍTICO 23.4-5)

Y este día os será en memoria, y lo celebraréis como fiesta solemne para Jehová durante vuestras generaciones; por estatuto perpetuo lo celebraréis.

(ÉXODO 12.14)

En términos agrícolas representa el comienzo de la temporada de la cosecha en Israel, aunque la observancia principal del Pesaj se relaciona con el éxodo de Egipto después de que pasaran generaciones en esclavitud (Éxodo 1—15).

El nombre *Pesaj* proviene de la raíz hebrea *Pei-Samekh-Cheit* que significa pasar de largo, eximir, perdonar la vida. Se refiere al hecho de que Dios «pasó de largo» por las casas de los judíos que habían pintado con sangre de cordero los umbrales de sus casas cuando mató a los primogénitos de Egipto. *Pesaj* también es el nombre de la ofrenda en sacrificio (un cordero) que se hacía en el templo en esta fiesta.

En el momento en que Juan el Bautista vio a Jesús, exclamó: «He aquí el Cordero de Dios, que quita el pecado del mundo» (Juan 1.29). Jesús cumplió el significado del ritual de la Pascua, porque él es el Cordero de Dios, sin mancha (1 Pedro 1.19). Jesús, nuestro Cordero Pascual, volverá por segunda vez.

Juan el Revelador vio la sala del trono de los cielos y su crónica de la escena está en Apocalipsis 5:

Y miré, y vi que en medio del trono y de los cuatro seres vivientes, y en medio de los ancianos, estaba en pie un Cordero como inmolado, que tenía siete cuernos, y siete ojos, los cuales son los siete espíritus de Dios enviados por toda la tierra. Y vino, y tomó el libro de la mano derecha del que estaba sentado en el trono. Y cuando hubo tomado el libro, los cuatro seres vivientes y los veinticuatro ancianos se postraron delante del Cordero; todos tenían arpas, y copas de oro llenas de incienso, que son las oraciones de los santos; y cantaban un nuevo cántico, diciendo:

Digno eres de tomar el libro y de abrir sus sellos; porque tú fuiste inmolado, y con tu sangre nos has redimido para Dios, de todo linaje y lengua y pueblo y nación; y nos has hecho para nuestro Dios reyes y sacerdotes, y reinaremos sobre la tierra.

Y miré, y oí la voz de muchos ángeles alrededor del trono, y de los seres vivientes, y de los ancianos; y su número era millones de millones, que decían a gran voz:

El Cordero que fue inmolado es digno de tomar el poder, las riquezas, la sabiduría, la fortaleza, la honra, la gloria y la alabanza.

Y a todo lo creado que está en el cielo, y sobre la tierra, y debajo de la tierra, y en el mar, y a todas las cosas que en ellos hay, oí decir:

Al que está sentado en el trono, y al Cordero, sea la alabanza, la honra, la gloria y el poder, por los siglos de los siglos.

(APOCALIPSIS 5.6-13)

La fiesta de la Pascua es tiempo de redención.

Recuerda esta verdad: si no entiendes el significado profético de las fiestas del Señor, es como si anduvieras con un reloj sin manecillas. ¿Cómo podrías saber cuándo llega *el momento indicado*?

LA FIESTA DE LOS TABERNÁCULOS O ENRAMADAS

El festival de los tabernáculos o enramadas (Sucot) empieza el día 15 del mes de Tisrí del calendario judío. El término *Sucot* significa «tiendas», «casillas» y se refiere a las viviendas temporales en que los judíos deben vivir durante esta fiesta, en conmemoración de los cuarenta años que los hijos de Israel pasaron en el desierto viviendo en tiendas.

Habla a los hijos de Israel y diles: A los quince días de este mes séptimo será la fiesta solemne de los tabernáculos a Jehová por siete días. El primer día habrá santa convocación; ningún trabajo de siervos haréis. Siete días ofreceréis ofrenda encendida a Jehová; el octavo día tendréis santa convocación, y ofreceréis ofrenda encendida a Jehová; es fiesta, ningún trabajo de siervos haréis. Estas son las fiestas solemnes de Jehová, a las que convocaréis santas reuniones, para ofrecer ofrenda encendida a Jehová, holocausto y ofrenda, sacrificio y libaciones, cada cosa en su tiempo, además de los días de reposo de Jehová, de vuestros dones, de todos vuestros votos, y de todas vuestras ofrendas voluntarias que acostumbráis dar a Jehová. Pero a los quince días del mes séptimo, cuando hayáis recogido el fruto de la tierra, haréis fiesta a Jehová por siete días; el primer día será de reposo, y el octavo día será también día de reposo. Y tomaréis el primer día ramas con fruto de árbol hermoso, ramas de palmeras, ramas de árboles frondosos, y sauces de los arroyos, y os regocijaréis delante de Jehová vuestro Dios por siete días. Y le haréis fiesta a Jehová por siete días cada año; será estatuto perpetuo por vuestras generaciones; en el mes séptimo la haréis. En tabernáculos habitaréis siete días; todo natural de Israel habitará en tabernáculos, para que sepan vuestros descendientes

que en tabernáculos hice yo habitar a los hijos de Israel cuando los saqué de la tierra de Egipto. Yo Jehová
vuestro Dios.

(LEVÍTICO 23.34-43)

En términos agrícolas Sucot es una fiesta de la cosecha, también conocida como fiesta de la recolección. Es una fiesta de
gozo y celebración, la «temporada del regocijo».[2] La fiesta de los
tabernáculos es, en última instancia, tiempo de acción de gracias
a Dios por su provisión.

Sucot es la fiesta en que se ensaya la cena para el reinado
milenial de Cristo. Por primera vez Israel poseerá toda la tierra
prometida a Abraham en Génesis 15.18-21. Jerusalén, la niña de
los ojos de Dios, será el gozo del mundo porque allí reinará Jesús.
El Milenio será un tiempo de reposo para el pueblo de Dios (Hebreos 4.8-9). El profeta Isaías se hace eco de ello: «Acontecerá en
aquel tiempo que la raíz de Isaí, la cual estará puesta por pendón
a los pueblos, será buscada por las gentes; y su habitación será
gloriosa» (Isaías 11.10).

La fiesta de los tabernáculos es tiempo de recordación, regocijo y reposo.

CAPÍTULO 13
Las cuatro lunas de sangre de 1493-94

El sol se convertirá en tinieblas,

y la luna en sangre,

antes que venga el día grande y espantoso de Jehová.

—JOEL 2.31

Como mencioné antes, hay tres tétradas específicamente vinculadas a la historia judía, que ocurrieron en los últimos quinientos años. Cada una de las series de tétradas que consiste de cuatro lunas de sangre consecutivas con un eclipse solar total que se da en algún momento de la secuencia de eclipses lunares totales, fue anuncio de un tiempo de lágrimas y tribulación que acabaría con un triunfo para la nación del pueblo judío.

En 1493-94 ocurrió la primera tétrada de lunas de sangre en las fiestas judías de la Pascua y los tabernáculos:

1. Pascua, 2 de abril de 1493
2. Fiesta de los tabernáculos, 25 de septiembre de 1493
3. Pascua, 22 de marzo de 1494
4. Fiesta de los tabernáculos, 15 de septiembre de 1494

Los gráficos de las lunas de sangre de este capítulo y los que le siguen están inspirados en el conjunto de DVDs, *Las fiestas del Señor*, de Mark Biltz, Ministerios El Shaddai.[1]

LUNAS DE SANGRE DE 1493-94

| Pascua, 2 de abril de 1493 | **Eclipse Solar Total Septiembre 24, 1943** | Fiesta de los tabernáculos, 25 de septiembre de 1493 | Pascua, 22 de marzo de 1494 | Fiesta de los tabernáculos, 15 de septiembre de 1494 |

La primera luna de sangre de la tétrada fue la del 2 de abril de 1493, que era el primer día de la Pascua después de los sucesos judíos de 1492. Hubo un eclipse solar total el 24 de septiembre de 1493, un día antes de la luna de sangre de la fiesta de los tabernáculos del 25 de septiembre de 1493.

¿Qué le estaba pasando al pueblo judío en ese período?

EL REY FERNANDO Y LA REINA ISABEL

Fernando II, conocido también como Fernando el Católico, fue rey de Aragón y Castilla entre 1479 y 1516. Reinó junto a su esposa, la reina Isabel I. Consolidaron su poder mediante la unión de los reinos españoles como una sola nación, la de España y dieron inicio a la entrada de España al período moderno de la expansión imperial.

En 1481 el miedo a la influencia judía hizo que la reina Isabel y el rey Fernando presionaran al Papa Sixto IV para que permitiera una Inquisición controlada por la monarquía en España mediante la amenaza de retirar el apoyo militar, en tiempos en que los turcos representaban un peligro para Roma.[2] Se les otorgó lo que pedían y en 1483 el confesor dominicano de la reina Isabel fue designado Inquisidor General de España. Su nombre era Tomás de Torquemada. Con sus crueles actos de tortura la Inquisición española superó a la inquisición medieval de 1233, en alcance, intensidad y atrocidad.

Torquemada estableció enseguida procedimientos maliciosos y crueles para la instauración de la inquisición española. Se anunció un tribunal nuevo, con un período de gracia de treinta días, para confesiones y el registro de acusaciones de los vecinos. Se usaba esta evidencia para identificar a los judíos que observaban su religión en secreto: que su chimenea no humeara los días sábado (señal de que tal vez en secreto la familia estuvieran observando el sábado) o la compra de muchas verduras antes de la Pascua, o la preferencia de comprarle a algún carnicero que se hubiera convertido.

El tribunal de la Inquisición usaba la tortura física para que los acusados confesaran. A los judíos observantes en secreto se les permitía confesar y hacer penitencia, pero los que renegaban de esas acciones eran quemados en la hoguera.[3]

La Inquisición medieval se había originado años antes como tribunal católico romano para descubrir y castigar a los herejes. Se creó bajo el papado de Inocencio II de Roma (1198-1216) y se estableció luego con Gregorio IX, en 1233.[4]

El antisemitismo auspiciado por la Iglesia de Roma empezó a manifestarse abiertamente en 1412, cuando se les dijo a los judíos que tendrían que vivir en barrios separados. Más adelante, esos barrios sirvieron de modelo para los guetos polacos que establecieron los nazis (1939-1942) y el gueto Minsk de Rusia (1941-1943).[5]

Además de verse obligados a vivir en los guetos se les indicó a los judíos que debían diferenciarse de los cristianos dejándose la barba y llevando una estrella de David de color amarillo prendida sobre la ropa. Ya no podrían cubrir puestos públicos, ni practicar la medicina o prestar su dinero cobrando intereses. Se cerraron todas las escuelas y profesiones a los judíos y se les prohibió el comercio para ganarse la vida.[6]

Eso fue solo el principio de la persecución, la tortura y la muerte de los judíos a manos de los inquisidores de la Iglesia de Roma. En menos de doce años la Inquisición condenó a no menos de trece mil judíos, entre hombres y mujeres que habían seguido practicando el judaísmo en secreto.[7]

Volvamos ahora al rey Fernando y la reina Isabel, que establecieron y tenían el control de la Inquisición en España. La monarquía fue tomando medidas cada vez más drásticas contra los judíos hasta que el 30 de marzo de 1492 en el palacio real de Granada, Fernando e Isabel firmaron un decreto que ordenaba a los judíos abandonar Castilla y Aragón para el 1 de agosto. Era el Edicto de Expulsión que echaba a todos los judíos de España si se negaban a convertirse al catolicismo.

A los judíos expulsados se les quitaba su riqueza puesto que el edicto les prohibía llevarse el oro, la plata y los metales preciosos que poseyeran. El decreto no solo los dejaba sumidos en la pobreza, sino que les quitaba su hogar y los dejaba en la incertidumbre de no saber qué naciones les recibirían. También temían al viaje porque los más débiles no soportarían trasladarse a grandes distancias.

Cristóbal Colón registró el infame edicto en su diario:

En el mismo mes en que sus Majestades [Fernando e Isabel] emitieron el edicto de que todos los judíos debían abandonar el reino y sus territorios, en ese mismo mes me dieron la orden de emprender con una cantidad suficiente de hombres mi expedición para descubrir las Indias.

La expulsión a la que se refería Colón fue un hecho tan cataclísmico que desde entonces el año 1492 ha sido casi tan importante en la historia judía como lo es para el continente americano. El 30 de julio de ese año se expulsó de España a toda la
comunidad judía, es decir, a los que no se hubieran convertido y
se hubieran salvado de la Inquisición; unos 200,000 judíos.[8]

Se les impuso el 1 de agosto como fecha límite de su partida
de España, pero algunos se fueron al día siguiente, el 2 de agosto
que era el 9 de Av (*Tishah b'Av*) en el calendario judío. *Tishah
b'Av* es un día de ayuno que conmemora la destrucción del primer templo y el segundo. Una vez más, recuerda que el día judío
comienza y termina con el crepúsculo.

Al día siguiente Cristóbal Colón y su expedición zarparon
del puerto cercano a Sevilla, y pasaron junto a los barcos en los
que se embarcaban los exiliados judíos. Su viaje exploratorio
fue financiado con el dinero que se le confiscó al pueblo judío.[9]

Llamó al banquillo de la historia al académico Dagobert D.
Runes, que registró la brutalidad y la crueldad impía de la tortura contra los judíos de España durante la Inquisición española,
llevada adelante por los que se llamaban *cristianos*.

La Inquisición Española ha sido tal vez la conspiración
más cínica en la oscura historia del catolicismo, que
apuntaba a expropiar las posesiones de los judíos y
conversos de buen pasar en España para beneficio de
la corte real y la Iglesia. Incluso a los «sospechosos»

muertos, se los desenterraba para «juzgarlos» y así poder confiscar a sus herederos lo que poseyeran.[10]

La muerte en la hoguera, como ejecución ritual y solemne de judíos y otros «herejes» por orden de las autoridades de la Inquisición de la Iglesia Católica comenzó con los «juicios» en presencia de los clérigos, que invariablemente terminaban con la confesión bajo tortura cometida por medio de fuego, desollando a las personas vivas, rompiéndoles los huesos, etc. El veredicto casi siempre era el mismo: «A la hoguera, vivo».[11]

El infame cuento del «libelo de sangre» era lo que usaban los inquisidores para justificar la tortura de los judíos de España. El libelo de sangre surgía del rumor de que los judíos habían matado a un niño cristiano, usando luego su sangre para celebrar la Pascua.

En Ávila, ciudad cercana a Madrid, en 1491 se halló muerto a un supuesto niño de «La Guardia», una aldea ficticia. La iglesia acusó a un zapatero judío, a su hermano y a su padre de haber matado al niño (que luego canonizaron), y de haber bebido su sangre en la Pascua judía. Los acusados admitieron bajo tortura, haber cometido todo aquello de lo que se les acusaba.

Después de quemarlos en la hoguera, se asesinó a todos los judíos de la aldea y se saquearon sus viviendas. Los clérigos católicos se apoderaron de la sinagoga para transformarla en una iglesia.[12]

En la ciudad de Sevilla, el diácono Fernando Martínez movilizó al pueblo para masacrar a los judíos. Perdieron la vida unos cuatro mil judíos y la gente de la ciudad obligó a los que quedaban vivos a registrarse en lo que llamaban su ¡religión de amor! Esos pogromos auspiciados por la iglesia comenzaron a surgir en toda España. Runes escribe: «Se convertían las sinagogas y los pocos judíos sobrevivientes y maltrechos, a la "verdadera fe". En algunos guetos no quedó vivo ni un solo judío y los cristianos del lugar se quedaban con su "Casa de Dios"».[13]

Ellinor y Robert Slater escribieron sobre una larga noche de antisemitismo en su libro *Great Moments in Jewish History* [Grandes momentos de la historia judía]:

A todo judío que observara las costumbres hebreas, incluso la de «llevar ropa limpia el sábado judío» se le consideraba sospechoso y debía someterse al tribunal de inquisidores. A algunos los multaban. A otros les confiscaban sus propiedades y los torturaban. Se usaba el potro no solo para que el acusado confesara sino para que diera información sobre otras personas.

A muchos de los acusados se los ejecutaba en público, casi como si se tratara de una obra de teatro, en las plazas de las ciudades españolas. Este tipo de ejecución, usualmente por medio de la hoguera, se conocía como *auto da fe* o acto de fe.[14]

La comunidad judía en España intentó desesperadamente conseguir el rechazo de ese edicto de expulsión. Abraham Senior e Isaac Abravanel consiguieron una audiencia con el rey Fernando y la reina Isabel. Senior era el rabino principal de Castilla, en efecto el líder de los judíos españoles. Isaac Abravanel, estudioso y filósofo, era el consejero económico cuya capacidad había permitido que España conquistara Granada.

Apelaron ante el rey y la reina pidiendo misericordia y para fortalecer su pedido ofrecieron un pago sustancial si se revocaba el decreto. Según una versión, durante la reunión, esos representantes pusieron sobre la mesa una bolsa con dinero.

Conmovidos por el poder de sus argumentos y la bolsa de oro, Fernando e Isabel dudaron: «Justo en ese momento entró en la sala el gran inquisidor Tomás de Torquemada. Se acercó a la mesa, puso la cruz que sostenía en la mano cerca de la bolsa de oro, y señalando a la figura de Jesús en la cruz dijo: "Aquí está él, ¡véndanlo!". El rey y la reina ya no dudaron. Rechazaron el pedido de los delegados judíos y ordenaron que todos los judíos se prepararan para partir.[15]

Para que no se crea que el antisemitismo fue algo exclusivo

de la iglesia de Roma, quiero dirigir tu atención a Martín Lutero (1483-1586), líder principal de la Reforma Protestante.

Desilusionado por la corrupción de la iglesia de Roma Lutero se volcó a las Escrituras buscando solaz. Descubrió que la salvación viene por la fe en Cristo y no, a través de Roma. Fue excomulgado y marcado como «hereje convicto» por sus críticas verbales y escritas contra las doctrinas de Roma. Lutero se ocultó entonces y en ese tiempo tradujo el Nuevo Testamento al alemán, dándole a la «gente común» la oportunidad de beneficiarse con sus verdades.

Lutero fue amigable con los judíos al principio y escribió que «tratar a los judíos de manera descortés u hostil no era de cristianos». Creía verdaderamente que su revelación de la salvación por medio de la gracia apelaría al pueblo judío. Pero cuando no logró convertirlos, se enojó y quiso vengarse. Escribió un panfleto titulado *Contra los judíos y sus mentiras*.

Lutero declaró a los judíos «enemigos públicos» y rogaba a la iglesia y a los líderes civiles que actuaran en contra de ellos. Entre sus malvadas recomendaciones se cuentan: 1) la quema de sinagogas y escuelas judías, 2) la destrucción de los hogares judíos, 3) que se les quitaran los libros de oración y los escritos talmúdicos, 4) que se les prohibiera enseñar a los rabinos, 5) quitarles su plata y su oro, 6) que tuvieran que trabajar para vivir.

El panfleto de Lutero *Contra los judíos y sus mentiras* sirvió de plano para la «Noche de los cristales», al punto que en honor a las obras de Lutero se quemaron sinagogas en su cumpleaños.

Muchos creen que la «Solución final» de Hitler se inspiró en las obras escritas por Lutero, que reflejaban su odio contra el pueblo judío.

¿Por qué se segregó, torturó, mató y expulsó al pueblo judío?

Por una sola y única razón: por ser un pueblo que no iba a convertirse para abandonar su fe en el único Dios de Abraham, Isaac y Jacob. Recuerda, como dije en el capítulo 1, que puede ser que durante siglos se haya llamado *cristianismo*, pero lo que hizo la Inquisición no tenía *nada que ver con el cristianismo*.

No tuvo nada que ver con el amor de Dios. No estaban conectados con nuestro Salvador y Señor. Esos actos de villanía no eran más que tiranía religiosa. Fueron acciones de líderes eclesiásticos cuyas almas estaban envenenadas por la mala semilla del antisemitismo. Jamás debe etiquetarse a la Inquisición como reflejo del mensaje de Jesucristo. ¡Nunca!

UN PUERTO DE REFUGIO

Dios hizo que Cristóbal Colón descubriera el «Nuevo Mundo» que al fin sería América. Estados Unidos fue un refugio para los judíos y para todos los oprimidos por tiranos y dictadores religiosos del mundo.

Dios le había prometido a Abraham siglos antes, en Génesis 12.3:

Bendeciré a los que te bendijeren, y a los que te maldijeren maldeciré; y serán benditas en ti todas las familias de la tierra.

Dios bendijo a Estados Unidos de América porque les abrimos los brazos a los hijos de Abraham, que han bendecido al mundo más allá de toda medida. Creo que el día en que esta nación le dé la espalda a Israel y al pueblo judío será justamente el día de la historia en que Dios Todopoderoso quite su mano de bendición de Estados Unidos. Las políticas de nuestro gobierno actual están poniendo distancia entre Washington e Israel. ¡Cuidado, América! ¡Dios está observando! Su honor e integridad descansan sobre su sobrenatural defensa de Israel.

Israel es la única nación en la historia del mundo creada por acción soberana de Dios. Dios, el Creador del cielo y de la tierra, hizo un pacto inmobiliario con Abraham, Isaac y Jacob, dándoles la tierra de Israel para siempre (Génesis 13.14-15; 17.7-8). Israel jamás debe separarse de ese antiguo pacto de la Biblia.

Dios continuó su declaración en cuanto a Abraham y al pueblo judío diciendo: «A los que te maldijeren maldeciré» (Génesis 12.3). La era del rey Fernando y la reina Isabel de España antes de la expulsión de los judíos quedó registrada en la historia como la Era Dorada de España. La prosperidad de España se desplomó cuando expulsaron a los judíos, el país jamás se recuperó.

Desde el Edicto de Expulsión, España ha estado gobernada por dictadores y déspotas; hoy es un país en bancarrota. En el siglo veintiuno, España está controlada por islámicos extremistas que hacen explotar sus trenes y conspiran para matar a quien se les resista.[16] Uno no puede dejar de ver la ironía de que los judíos expulsados de España eran un pueblo que amaba la vida, en tanto que los extremistas islámicos aman la muerte. España está pasando por la maldición de Génesis 12.3.

Dios sigue con su proclamación a Abraham, diciendo: «Y serán benditas en ti [el pueblo judío] todas las familias de la tierra» (Génesis 12.3). Todos los que leen este libro han sido bendecidos por los aportes que el pueblo judío le dio al mundo. Como hemos dicho ya, el pueblo judío nos dio la Biblia, los patriarcas, la primera familia del cristianismo, y los apóstoles. El cristianismo no puede explicar su existencia sin el judaísmo. Por eso, nuestra fe se conoce como *fe judeocristiana.* Tenemos nuestras raíces en Abraham, Isaac y Jacob.

La Inquisición española fue un tiempo de lágrimas y tribulación que acabaría en triunfo para el pueblo judío cuando Dios los trajo al puerto de América que les recibía como refugio y protección.

La expulsión de los judíos de España en 1492 fue un momento que cambió al mundo. El manto de prosperidad fue quitado de España para ponerlo sobre los hombros de una nación joven que sería luego los Estados Unidos de América. Dios Todopoderoso usó las cuatro lunas de sangre de 1493-1494 como *cartel celestial* para la humanidad.

Ahora vamos a explorar el significado de las cuatro lunas de sangre de 1949-1950 cuando milagrosamente, y después de dos mil años, Israel se convirtió en estado.

CAPÍTULO 14

Las cuatro lunas de sangre de 1949-1950

Y yo os tomaré de las naciones, y os recogeré de todas las tierras, y os traeré a vuestro país ... Habitaréis en la tierra que di a vuestros padres, y vosotros me seréis por pueblo, y yo seré a vosotros por Dios.

—EZEQUIEL 36.24, 28

La segunda vez que hubo cuatro lunas de sangre con una relación significativa a la historia judía, la NASA informó de ese evento en 1949-1950.[1] Fue durante el renacimiento del estado de Israel, que comenzó en 1948. La potente diestra de Dios reunió al pueblo judío que desde el año 70 D.C. había estado disperso por toda la tierra, a partir del momento en que Tito sitió Jerusalén.

El pueblo judío de la Diáspora fue llevado de regreso a Israel, tal como lo anunciaran los profetas del Antiguo Testamento.

Esa tétrada que comenzó en 1949, ocurrió en las fiestas judías de la Pascua y los tabernáculos:

1. Pascua, 13 de abril de 1949
2. Fiesta de los tabernáculos, 7 de octubre de 1949
3. Pascua, 2 de abril de 1950
4. Fiesta de los tabernáculos, 26 de septiembre de 1950

LUNAS DE SANGRE DE 1949-1950

Pascua, 13 de abril de 1949	Fiesta de los tabernáculos, 7 de octubre de 1949	Pascua, 2 de abril de 1950	**Eclipse Solar Total Septiembre 12, 1950**	Fiesta de los tabernáculos, 26 de septiembre de 1950

El 12 de septiembre de 1950, antes de la fiesta de los tabernáculos del 26 de septiembre, hubo un eclipse solar total.

Al pueblo judío, ¿qué le estaba pasando en esa época?

En 1948, se declaró que Israel era una vez más una nación. No hay mayor milagro en la historia humana que el de la recolección y la reunión de la semilla de Abraham. La tierra de Israel fue el lugar donde nació el pueblo judío. La tierra de Israel fue donde tomó forma su identidad espiritual. La tierra de Israel es el lugar en donde el pueblo judío residirá por siempre.

Después de que Tito los hubiera exiliado por la fuerza en el año 70 D.C., el pueblo judío jamás perdió su amor y conexión con su tierra sagrada. A lo largo de la Diáspora jamás dejaron de albergar la esperanza de que se restaurara su identidad nacional, su libertad. Su oración constante era: «El próximo año en Jerusalén».

El pueblo judío motivado por el pacto con Abraham, y como resultado de los horrores de la Inquisición española y el Holocausto, se esforzó más que nunca por volver a establecerse en su antigua tierra. Regresaron a la tierra como pioneros o *ma'pilim*, inmigrantes que volvían a Eretz-Israel (la tierra de Israel) desafiando las restricciones legales. Se comprometieron y esforzaron por hacer que florecieran los desiertos, por revivir el idioma hebreo, por construir aldeas y ciudades, siempre preparados para defenderse de los enemigos que se dedicaban a destruirlos.

Ese pueblo amante de la paz no deseaba nada más que ser una nación independiente que abriría las puertas de su tierra bíblica a todo judío que estuviera en cualquier otra nación.

THEODORE HERZL, EL VISIONARIO

En 1897 Theodore Herzl, conocido como fundador del sionismo, reunión al Primer Congreso Sionista y proclamó el derecho del pueblo judío al renacimiento de su nación en su propia tierra. Fue un derecho reconocido en la Declaración de Balfour de noviembre de 1917 y reafirmado en el Mandato de la Liga de las Naciones, que específicamente dio sanción internacional a la relación histórica entre el pueblo judío y Eretz-Israel (la tierra de Israel) y al derecho del pueblo judío de reconstruir su nación en su propia tierra.

A Herzl lo motivaba su experiencia personal con el antisemitismo mientras estudiaba en la universidad de Viena y más específicamente, el juicio al capitán Alfred Dreyfus, en 1894. Dreyfus, un oficial judío del ejército francés, había sido acusado injustamente de traición, principalmente porque en Viena predominaba la atmósfera antisemita. Herzl vio a las turbas que gritaban: «Muerte a los judíos», y resolvió que había una sola solución posible: la inmigración masiva de los judíos a una tierra que pudieran llamar suya y propia. Fue ese el origen del sionismo, el movimiento nacional del retorno del pueblo judío a la tierra del pacto, y la recuperación de la soberanía judía.[2]

MENACHEM BEGIN, EL GUERRERO

Menachem Begin era un líder judío de la juventud de Polonia cuando los rusos invadieron ese país durante la Segunda Guerra Mundial. Lo capturaron y lo pusieron en prisión, donde lo interrogaban durante horas cada noche. Dormía en una celda llena de pulgas. Jamás olvidaré cuando me dijo: «A la primera pulga la ves como un invasor, al resto les das la bienvenida como amigas».

Después de ser liberado, Begin viajó de inmediato a lo que entonces se conocía como *Palestina* (como se llamaban después de la Primera Guerra Mundial los territorios bajo mandato británico que incluían no solo a lo que hoy es Israel sino también a lo que es Jordania). Era una época en que Gran Bretaña era decididamente proárabe. Pero debido a la Declaración de Balfour, tuvieron que permitir que los judíos inmigraran a Palestina. Sin embargo, limitaron la cantidad de inmigrantes con la creación de una política dura de Papel Blanco [Papeles de inmigración], en 1939. Era una política decididamente influida por los árabes que limitaba la cantidad de inmigrantes judíos a Palestina a tan solo diez mil por año.

El problema fue el siguiente: sucedió durante el holocausto cuando Hitler enviaba a veinte mil judíos por día a los campos de concentración de Europa. A los judíos que tenían el privilegio de recibir documentos de inmigración a Palestina se los consideraba salvados, pero los que no lo conseguían iban primero a los guetos y luego a los campos de concentración, donde los endemoniados nazis antisemitas los trataban como animales. Y, para empeorar las cosas, el ejército británico detenía a cualquier judío que no tuviera documentos de inmigración, si es que lograba llegar a Palestina. Entonces, los mandaban de regreso a los campos de la muerte de Hitler.[3]

Cuando Menachem Begin llegó a Palestina y vio que el ejército británico ponía a cientos de judíos de vuelta en trenes que iban a Europa a los campos de la muerte de Hitler, decidió formar el grupo paramilitar conocido como Irgun. El término *Irgun* en hebreo significa «nuestro grupo». El propósito del Irgun era enseñar a los varones judíos a pelear y liberar a los demás judíos de los trenes y barcos que partían con destino a los campos mortales de Hitler.

Bajo el radar de la inteligencia británica, los del Irgun importaban máquinas para fabricar sus propios rifles y municiones. También, el Irgun fabricó una bomba de percusión que ponían en las vías del tren. Cuando este iba cargado con los judíos cautivos que eran enviados a los campos mortales pasaba sobre la bomba de percusión, la bomba estallaba con precisión calculada, en el espacio existente entre la locomotora y el vagón de carbón. Cortaba al tren en dos, como un cuchillo. La locomotora seguía por las vías, los vagones se detenían y el Irgun de Menachem abordaba los trenes y liberaba a sus compatriotas judíos.

Los británicos ofrecían una atractiva recompensa a quien capturara a Menachem Begin. Pero mientras estuvo en las prisiones de Rusia, la determinación de Begin se había endurecido como el acero. En una ocasión permaneció escondido en el fogón de su casa durante tres días seguidos mientras los oficiales de la Inteligencia Británica interrogaban a su esposa, que estaba a pocos metros de él. Tal vez su aspecto de maestro de escuela con anteojos era una imagen engañosa. Porque era un guerrero dedicado que liberaba a los judíos.

El Hotel Rey David era el centro de comando del ejército británico, donde vivían unos trescientos oficiales y soldados ingleses. Menachem Begin y el Irgún pusieron explosivos en el Hotel Rey David. Luego, llamaron al comandante británico por teléfono y le dieron la oportunidad de evacuar el hotel antes de la explosión.

El oficial británico al mando se negó rotundamente a obedecer las órdenes de un judío, y pensó que se trataba de una broma. El Irgún entonces detonó una bomba pequeña en medio de la calle, frente al hotel, para mostrar que era en serio.

Pero los británicos siguieron negándose a dejar el hotel. Entonces, cuando explotaron las bombas, murieron innecesariamente varios cientos de soldados ingleses.[4]

A Menachem Begin le han tildado de terrorista. ¡Pero no lo fue! Estaba consagrado a salvar las vidas de los judíos y, a fin de cuentas, el pueblo de Israel lo recompensó, al elegirlo como primer ministro. Tuve el placer de reunirme con él varias veces durante su exitoso gobierno. De hecho, en la pared de mi estudio tengo su foto autografiada.

Era un hombre devoto que estudiaba la Torá todos los días. Después de cumplir su mandato en el gobierno, todos los viernes por la noche daba clases de la Biblia en su casa. Creo que sin Menachem Begin y su organización Irgun los ingleses jamás habrían dejado Palestina y se habrían perdido en el holocausto muchas más vidas de judíos.

Cuando vayas a Israel te sugiero que visites el Museo Menachem Begin. Allí podrás apreciar bien las heroicas hazañas de ese hombre temerario y podrás entender mejor por qué era tan urgente para el pueblo judío el restablecimiento de la nación de Israel. Que Dios bendiga la sagrada memoria de ese dedicado defensor de Israel.

David Ben Gurión, el diplomático

Ben Gurión fue un estadista sionista y líder político, el primero en ocupar el puesto de primer ministro (1948-1953, 1955-1963) y que luego fuera ministro de defensa (1948-1953, 1955-1963) de Israel.

Fue Ben Gurión quien declaró la independencia de Israel en Tel Aviv el 14 de mayo de 1948. Su personalidad carismática le ganó el afecto y respeto de la gente. Lo consideraban con respeto el «Padre de la Nación».

En 1906 Ben Gurión, entonces de veinte años, llegó a Palestina como inmigrante y trabajó en las granjas de los asentamientos judíos durante varios años. A medida que los asentamientos judíos se hacían más grandes y fuertes, y arraigaban sus raíces en Palestina, los árabes palestinos empezaron a preocuparse. Eso dio como resultado violentos choques entre las dos comunidades.

Ben Gurión reaccionó contra la política de inmigración británica de 1939, y llamó a la comunidad judía a levantarse contra los ingleses. El 12 de mayo de 1942 organizó una conferencia de emergencia de sionistas estadounidenses en la ciudad de Nueva York. La convención decidió que se establecería una comunidad judía en Palestina después de la guerra.[5]

Cuando terminó la Segunda Guerra Mundial, Ben Gurión volvió a liderar a la comunidad judía en una lucha exitosa en contra del mandato británico y en mayo de 1948, de acuerdo con una decisión de la Asamblea General de las Naciones Unidas y con el apoyo de los Estados Unidos, se estableció el Estado de Israel. La declaración de la formación del Estado, decía en uno de sus párrafos:

> Por consiguiente nosotros, miembros del consejo del pueblo, representantes de la comunidad judía de Eretz Israel y del movimiento sionista, estamos reunidos aquí en el día de la terminación del Mandato Británico sobre Eretz Israel y, en virtud de nuestro derecho natural e histórico y basados en la resolución de la Asamblea General de las Naciones Unidas, proclamamos el establecimiento de un Estado judío en Eretz Israel, el Estado de Israel.
>
> Poniendo nuestra fe en el Todopoderoso, colocamos nuestras firmas en esta proclamación en esta sesión del Consejo Provisional del Estado, Sobre el Suelo de la Patria, en la ciudad de Tel Aviv, en esta víspera de Sábado, el quinto día de Iyar de 5708 (14 de mayo de 1948).[6]

Ben Gurión veía que ese estado recién nacido era la continuación directa de la historia judía que se había interrumpido dos mil años antes cuando las legiones romanas aplastaron a los hebreos luchadores por la libertad, echando a los judíos de su tierra. Veía el período del exilio de los judíos como un prolongado intervalo en la historia de Israel y declaró que ahora habían recuperado el hogar que les correspondía por derecho. David Ben Gurión creía que Israel era «un país construido más sobre su gente… los judíos vendrán de todas partes… de Francia, de Rusia, de los EE.UU. y de Yemen… su fe es su pasaporte».[7]

Israel renació en el mes de Iyar, el «segundo mes» que siempre ha tenido gran significado bíblico. Fue en el segundo mes que el rey Salomón empezó a construir el primer templo (1 Reyes 6.1); fue en el segundo mes, exactamente el mismo día, que Esdras empezó a reconstruir el segundo templo (Esdras 3.8). Y fue en el segundo mes, el día 5 de Iyar, que Israel renació como nación.

¿Quién oyó cosa semejante?
¿Quién vio tal cosa?
¿Concebirá la tierra en un día?
¿Nacerá una nación de una vez?
Pues en cuanto Sion estuvo de parto,
dio a luz sus hijos.

(Isaías 66.8)

El primer gobierno israelí permanente asumió el 25 de enero de 1949. Durante los meses siguientes, se firmaron cuatro acuerdos de tregua de la Guerra de la Independencia de Israel: con Egipto el 24 de febrero, con Líbano el 23 de marzo, con Jordania el 3 de abril y con Siria, el 20 de julio. Todos esos acuerdos creaban líneas de demarcación de armisticio que establecían las fronteras de Israel.[8]

Fue durante ese proceso de renacimiento de Israel y establecimiento de sus fronteras que en la Pascua de 1949 Dios pintó los cielos con la primera luna de sangre de la segunda tétrada. El pueblo judío había soportado terrible tribulación en el holocausto y las duras pruebas para hacer que renaciera su nación. Había llegado el momento del triunfo. Estaban, oficialmente, en casa. Para siempre.

Los judíos habían regresado a la tierra del pacto de Israel pero faltaba algo. La tercera serie de cuatro lunas de sangre marcaría la completa restauración de su amada capital, la ciudad de Dios.

CAPÍTULO 15

Las cuatro lunas de sangre de 1967-1968

....

Mas a Jerusalén he elegido para que

en ella esté mi nombre...

....

—2 CRÓNICAS 6.6

Según informa la NASA, la tercera vez que hubo una tétrada de lunas de sangre con significado para la historia judía fue en 1967-1968. ¿Por qué fue importante para la historia judía? Porque 1967 fue el año en que la ciudad de Jerusalén volvió a unirse con el pueblo judío por primera vez en casi mil novecientos años.

Fue un acontecimiento profético monumental y Dios iluminó los cielos en celebración por lo sucedido puesto que Jerusalén es distinta a cualquier otra ciudad que haya sobre la faz de la tierra... es la ciudad de Dios.

Lunas de sangre de 1967-1968

La tétrada de lunas de sangre de 1967-1968 sucedió en las fiestas judías de la Pascua y de los tabernáculos:

1. Pascua, 24 de abril de 1967
2. Fiesta de los tabernáculos, 18 de octubre de 1967
3. Pascua, 13 de abril de 1968
4. Fiesta de los tabernáculos, 6 de octubre de 1968

Lunas de sangre de 1967-68

Pascua, 24 de abril de 1967	Fiesta de los tabernáculos, 18 de octubre de 1967	**Eclipse Solar Total Noviembre 2, 1967**	Pascua, 13 de abril de 1968	Fiesta de los tabernáculos, 6 de octubre de 1968

Esta tercera tétrada que comenzó en 1967 ocurrió durante las fiestas judías de la Pascua y de los tabernáculos, y el eclipse solar ocurrió el 2 de noviembre de 1967 antes de la Pascua de 1968.

¿Qué ocurría con el pueblo judío en ese momento?

El precio de la independencia

Porque he aquí que rugen tus enemigos,

Y los que te aborrecen alzan cabeza.

Contra tu pueblo han consultado astuta y

secretamente,

Y han entrado en consejo contra tus protegidos.

Han dicho: Venid, y destruyámoslos para que no sean nación,

Y no haya más memoria del nombre de Israel.

(Salmos 83.2-4)

En el momento en que se declaró como estado, Israel estaba en guerra.

La Guerra de la Independencia, que se libró entre el 15 de mayo de 1948 y el 10 de marzo de 1949, estalló al día siguiente al renacimiento de Israel. Se unieron siete naciones árabes en contra de la niña de los ojos de Dios. Se libró esa guerra a lo largo de toda la frontera del país: contra Líbano y Siria en el norte; contra Irak y Transjordania en el este; contra Egipto, asistido por un contingente de Sudán, en el sur; contra los palestinos y voluntarios de los países árabes, en el interior de Israel.

Fue la más sangrienta de las guerras de Israel, con un total de 6,373 muertos en acción. La jubilosa celebración del renacimiento de la nación había terminado. Entre la guerra de la Independencia y la Guerra de los Seis Días, hubo la Guerra del Sinaí, del 29 de octubre al 7 de noviembre de 1956, que se libró contra Egipto por el control de la estratégica península de Sinaí.

En 1967 las naciones árabes, comprometidas con el objetivo de expulsar al pueblo judío hacia el mar, volvieron a atacar a Israel. El 15 de mayo, mientras Israel conmemoraba su Día de Independencia, los soldados egipcios empezaron a avanzar en el Sinaí, cerca de la frontera israelí. Para el 18 de mayo las tropas sirias estaban dispuestas para luchar también, a lo largo de las alturas del Golán.

Se oía el eco de las voces rugientes que había profetizado el rey David al referirse a los enemigos de Israel.

El 18 de mayo de 1967 la estación de radio Voz de los Árabes proclamó:

A partir de hoy ya no existe una fuerza de emergencia internacional que proteja a Israel. Ya no tendremos paciencia. Ya no vamos a quejarnos de Israel ante las Naciones Unidas. El único método que aplicaremos contra Israel es la guerra total, que resultará en el exterminio de la existencia sionista.[1]

El 20 de mayo el Ministro de Defensa sirio, Hafez Assad, amenazó a Israel con la siguiente declaración:

Nuestras fuerzas ahora están completamente preparadas no solo para repeler la agresión sino para iniciar la acción misma de liberación y explotar a la presencia sionista en tierras árabes. El ejército sirio está unido, con el dedo en el gatillo… Yo, como militar, creo que ha llegado el momento de entrar en la batalla de la aniquilación.[2]

El 27 de mayo, Nasser, de Egipto desafió a Israel:

«Nuestro objetivo básico será la destrucción de Israel. El pueblo árabe quiere pelear», dijo.[3] ...Y al día siguiente añadió: «No vamos a aceptar ninguna... coexistencia con Israel».[4]

El 30 de mayo el rey Hussein de Jordania firmó un pacto de defensa con Egipto. Nasser anunció entonces:

Los ejércitos de Egipto, Jordania, Siria y Líbano están dispuestos sobre las fronteras de Israel... para enfrentar el desafío, y detrás de nosotros están los ejércitos de Irak, Argelia, Kuwait, Sudán y toda la nación árabe. Es una acción que dejará atónito al mundo. Hoy van a saber que los árabes están listos para la batalla, que la hora crítica ha llegado. Hemos llegado a la etapa de la acción en serio, ya no de las declaraciones.[5]

El presidente Abdur Rahman Aref de Irak se unió a la guerra de palabras:

La existencia de Israel es un error que debe rectificarse. Esta es nuestra oportunidad para borrar la ignominia que nos ha afectado desde 1948. Nuestro objetivo es claro: borrar del mapa a Israel.[6]

El 4 de junio Irak se unió a la alianza militar de Egipto, Jordania y Siria.

La retórica árabe estaba en sintonía con la movilización de fuerzas árabes hostiles, con unos 465,000 soldados enemigos, más de 2,800 tanques y 800 aviones que rodeaban a Israel.[7]

LA MANO DE DIOS

Para que todos los pueblos de la tierra conozcan que la mano de Jehová es poderosa; para que temáis a Jehová vuestro Dios todos los días.   (JOSUÉ 4.24)

La Guerra de los Seis Días fue una guerra de milagros. Dios le dio a Israel un triunfo tras otro contra esos antiguos enemigos que habían ocupado su suelo y dividido durante siglos a la sagrada ciudad de Jerusalén. No hubo razón militar para su victoria ¡simplemente, la mano de Dios!

Permíteme contarte a continuación algunos relatos de testigos oculares de esos milagros de la Guerra de los Seis Días.

LA CONQUISTA DE SIQUEM

Los comandantes militares de Israel reconocían que la toma de Siquem sería una de las batallas más difíciles y sangrientas de esa guerra. El mayor cruce del río Jordán comenzó en Jordania y siguió por las montañas de Samaria hacia la ciudad de Siquem. Abraham había usado ese mismo cruce al entrar en la tierra de Canaán (Génesis 12.6).

El ejército de Jordania suponía que Israel entraría en Siquem por la región costera y por eso ubicaron su artillería pesada y sus tanques al otro lado de la ciudad, desde donde veían los caminos que llegaban a Siquem desde el oeste. Las FDI (Fuerzas de Defensa de Israel) decidieron ganarle de mano al enemigo, peleando primero por el norte y el oeste, y luego volviendo para entrar en Siquem desde el este, la «puerta trasera» de la ciudad.

El Coronel Uri Banari brinda su relato como testigo ocular:[8]

A la entrada de Siquem había miles de árabes que sacudían pañuelos blancos y aplaudían con las manos. Y nosotros, ingenuos, les sonreímos y devolvimos el saludo. Al entrar en la ciudad nos pareció raro que estuviéramos avanzando sin que hubiera desorden ni pánico, que los guardias armados estuvieran con sus rifles en las manos guardando el orden, que las multitudes nos saludaran, felices.

De repente pasó algo que cambió toda esa imagen en solo un momento. Uno de nuestros oficiales quiso desarmar a un guardia árabe. Cuando este se negó, nuestro oficial disparó un tiro al aire. En ese momento, desaparecieron las multitudes y las calles quedaron vacías. Los árabes tenían francotiradores que empezaron a disparar.

Yo no entendía lo que pasaba. Solo pude comprenderlo después.

La gente de Siquem pensaba que éramos fuerzas iraquíes que teníamos que llegar desde Jordania. En el lado oeste de Siquem estaban los muchos tanques enemigos, pero ya era tarde cuando se dieron cuenta de su error.

Los árabes estaban sorprendidos: el terror de los judíos había caído sobre ellos. En Hebrón y en Siquem, en Jenin y en Jericó los árabes estaban fuertemente armados. No había siquiera una aldea árabe que no estuviera armada. Pero con premura, los árabes escondían sus armas y no pensaron siquiera en usarlas. Levantaron las manos en alto, haciendo flamear banderas blancas de rendición desde cada edificio.

El terror de Dios llenó a cientos de miles de árabes orgullosos, llenos de odio y desprecio por Israel. Hasta ayer, habían jurado luchar hasta derramar la última gota de sangre que tuvieran.

Un golpe directo

A última hora de la noche un camión de la FDI cargado con armas y municiones se estacionó junto a un edificio de Jerusalén. Su misión era traer provisiones de municiones a los puestos de la línea del frente. El elemento de peligro era grave porque si al camión le daba el fuego enemigo, las explosiones de todas esas municiones derribarían todos los edificios del lugar, matando a sus habitantes.

De repente oímos el silbido de un proyectil enemigo que se acercaba y en su trayectoria iba directamente al vehículo. Sin embargo, la bala árabe no explotó. Quedó posada sobre la pila de municiones israelíes que llevaba el camión.

DIECIOCHO CONTRA DOS

Yisrael, un taxista reclutado para luchar en la Guerra de los Seis días, formaba parte de la unidad de paracaidistas designada para conquistar el estrecho de Tirán. Contó lo siguiente al volver de la guerra:

Los soldados israelíes no tuvieron que caer en paracaídas desde los aviones Nord que los transportaron hasta el estrecho de Tirán. Aterrizaron como si fueran turistas malcriados en el aeropuerto, porque el regimiento egipcio que estaba de guardia huyó antes de que pudieran verse siquiera los soldados israelíes en el horizonte.

Después del aterrizaje me enviaron con otro soldado de la reserva, un electricista, para patrullar el área. Nos habíamos alejado unos dos kilómetros cuando apareció ante nuestros ojos un camión egipcio lleno de soldados con ametralladoras, a ambos lados. Solo teníamos armas livianas y unas pocas balas. No podríamos detener al camión ni por un segundo. Tampoco podíamos retroceder. Así que nos quedamos allí, angustiados, esperando el primer tiro. Como no se nos ocurría nada mejor, apuntamos nuestras armas hacia ellos.

Pero no dispararon.

El camión se detuvo y decidimos acercarnos muy despacio. Encontramos a dieciocho soldados armados, con sus armamentos en la mano. Se veían petrificados. Nos miraban con terror, como si pidieran misericordia. Grité: «¡Manos arriba!».

Mientras los llevábamos marchando, y yo me había calmado un poco, le pregunté al sargento egipcio que tenía junto a mí:

—¿Por qué no nos dispararon?

—No lo sé —contestó—. Se me paralizaron los brazos. Todo el cuerpo se me paralizó y no sabía por qué.

Resulta que esos soldados no sabían que el estrecho de Tirán ya estaba en manos israelíes. ¿Por qué no nos eliminaron?

No tengo una respuesta. Cómo podría decirse que no fue D--s quien nos ayudó.

EL DEDO DE DIOS

Al director de operaciones, Mayor General Ezer Weizmann de la FDI, el señor Levanon, padre de un piloto caído, le preguntó cómo podía explicar el hecho de que durante tres horas seguidas los aviones de la Fuerza Aérea Israelí volaran de una pista aérea a la otra en Egipto destruyendo aviones enemigos sin que los egipcios avisaran por radio a sus propias fuerzas que había un ataque israelí.

Ezer Weizmann, que luego fue presidente del Estado de Israel, guardó silencio. Luego, levantó la mirada y exclamó: «El dedo de D—s».

Periódico Ha'aretz

Después de un minucioso análisis el corresponsal militar del periódico secular *Ha'aretz* resumió la Guerra de los Seis días, admitiendo: «Hasta el que no es religioso tiene que admitir que esta guerra se libró con ayuda del cielo».

Relato de un periodista, testigo ocular

Un periodista alemán hizo un resumen:

No ha habido en la historia nada parecido. Una fuerza de 1,000 tanques, cientos de cañones de artillería, cohetes y aviones de guerra, y cien mil soldados armados hasta los dientes, quedó destruida en dos días en un área que cubre cientos de kilómetros llenos de puestos e instalaciones de refuerzo.

Y la victoria la logró una fuerza que perdió muchos soldados, mucho equipamiento, posiciones y vehículos. No hay causa lógica militar o natural que pueda explicar tan monumental suceso.

Las Escrituras declaran en Proverbios 21.1: «Como los repartimientos de las aguas, así está el corazón del rey en la mano de Jehová; a todo lo que quiere lo inclina».

El rey Hussein de Jordania propuso un alto el fuego antes de que las FDI pudieran recuperar la Antigua Ciudad de Jerusalén. Los líderes del mundo presionaban políticamente a Israel, cada vez más, exigiendo que aceptaran la tregua propuesta. Y de repente el rey Hussein cambió de idea y se negó a someterse a las condiciones de cese ¡que él mismo había impuesto! La intervención de Dios permitió que las FDI recuperaran la Antigua Ciudad, poniéndola bajo control israelí.

La Antigua Ciudad había estado bajo control de Jordania desde 1948. Durante diecinueve años se les había prohibido a los judíos el acceso al muro occidental (Muro de los Lamentos) donde habían orado miles de años. Solo les llevó tres días a las fuerzas israelíes derrotar al ejército jordano. En la mañana del 7 de junio, llegó la orden de recuperar la Antigua Ciudad de Jerusalén.

Los paracaidistas israelíes cayeron sobre la ciudad como una lluvia y tomaron el control. El Ministro de Defensa Moshe Dayan llegó con el Jefe de Gabinete Yitzhak Rabin para marcar formalmente el retorno de los judíos a su capital histórica y a su sitio más sagrado. En el muro occidental, el capellán de las FDI, rabino Shlomo Goren, hizo sonar el shofar para celebrar ese hecho.

Durante la Guerra de los Seis Días perdieron la vida 21,000 soldados enemigos de Israel. Israel perdió 779 soldados. Jerusalén volvió a ser la capital del pueblo judío. David Ben Gurión tenía razón cuando declaró: «En Israel, para ser realista tienes que creer en los milagros».

La firma de Dios estaba sobre la victoria milagrosa de la Guerra de los Seis Días. Y Dios marcó ese hecho histórico con la señal de la tercera serie de cuatro lunas de sangre. Las tribulaciones de la guerra finalmente habían terminado con el triunfo del pueblo judío: la unificación de su amada Jerusalén.

> ¡Oh, que de Sion saliera la salvación de Israel! Cuando Jehová hiciere volver a los cautivos de su pueblo, se gozará Jacob, y se alegrará Israel.
>
> (SALMOS 14.7)

Habrá una cuarta serie de cuatro lunas de sangre. La NASA ha dicho que será la última tétrada de este siglo. ¿Qué suceso histórico ocurrirá entonces, de importancia para Israel y el pueblo judío?

Y lo más importante: ¿qué está diciéndole Dios a la humanidad?

CAPÍTULO 16
Las cuatro lunas de sangre de 2014-2015

Cuando estas cosas comiencen a suceder,
erguíos y levantad vuestra cabeza,
porque vuestra redención está cerca.

—Lucas 21.28

Las cuatro lunas de sangre siguientes son las que comenzaron en abril de 2014. La NASA informó que comenzarían en abril de 2014 y terminarían en septiembre de 2015.[1] Los tiempos calculados son los siguientes:

1. Pascua, 15 de abril de 2014

2. Fiesta de los tabernáculos, 8 de octubre de 2014

3. Pascua, 4 de abril de 2015

4. Fiesta de los tabernáculos, 28 de septiembre de 2015

LUNAS DE SANGRE DE 2014-2015

| Pascua, 15 de abril de 2014 | Fiesta de los tabernáculos, 8 de octubre de 2014 | Eclipse Solar Total Marzo 20, 2015 | Pascua, 4 de abril de 2015 | Fiesta de los tabernáculos, 28 de septiembre de 2015 |

Después de la segunda luna de sangre y antes de la tercera, habrá un eclipse solar total el 20 de marzo de 2015.

¿Cuál es el significado profético de estas cuatro lunas de sangre?

Para poder contestar esta pregunta tan importante tenemos que repasar el camino que recorrimos desde el principio de este libro.

Pocas veces la Biblia, la ciencia y los hechos históricos se alinean, pero en las últimas tres series de cuatro lunas de sangre o tétradas, es eso exactamente lo que sucedió. Recordemos que ha habido varias tétradas en los últimos quinientos años y que solamente tres se correspondieron con las fiestas judías, además de estar vinculadas con hechos históricos de importancia para

Israel. En el siglo veintiuno habrá siete tétradas más, pero solamente una de estas siete, la tétrada de 2014-2015, estará alineada con las fiestas del Señor.

¿Qué denominadores comunes hubo en 1492, 1949 y 1967? En cada uno de esos casos, hubo hechos significativos en relación con Israel y el pueblo judío, y las lunas de sangre se dieron en las fiestas del Señor. Pero, ¿qué hay del futuro?

El pueblo judío sigue siendo la niña de los ojos de Dios. Siguen siendo el pueblo escogido y amado por Dios. Siguen siendo el pueblo del pacto, un pacto que Dios prometió guardar por toda la eternidad. Por eso, podemos concluir con razón que la próxima serie de cuatro lunas de sangre de 2014 y 2015 también tendrá significado e importancia para Israel y el pueblo judío.

Cada una de las tres series anteriores de cuatro lunas de sangre comenzó con lágrimas y terminó con triunfo para el pueblo judío.

Los profetas del Antiguo Testamento declaran con claridad que cuando el pueblo judío regrese de su segundo exilio nunca más dejará su tierra del pacto. Por eso, China, Irán, Rusia o los de la primavera árabe, ¡NO expulsará al pueblo de su tierra, ni podrán borrar a Israel!

Dios mismo va a defender a Israel ¡e Israel prevalecerá por sobre toda adversidad y sus adversarios!

Como vimos en el capítulo 1, el profeta Joel envía un mensaje claro y potente, al mundo y a Israel:

Y daré prodigios en el cielo y en la tierra, sangre, y
fuego, y columnas de humo.

El sol se convertirá en tinieblas, y la luna en sangre, antes
que venga el día grande y espantoso de Jehová.

(2.30-31)

El apóstol Pedro repite la declaración de Joel durante su sermón del día de Pentecostés, en el libro de los Hechos (2.19-20).

El profeta Joel y el apóstol Pedro están dando exactamente
el mismo mensaje. Lucas nos advierte para cuando veamos esas
señales (Lucas 21.25), «levantad vuestra cabeza, porque vuestra
redención está cerca» (Lucas 21.28).

Como dije antes, creo que los cielos son el cartel en alta definición de Dios. Creo que ha estado enviando señales y hablándo-
le al planeta tierra en los cielos desde la creación. Lo que pasa es
que no tomamos en cuenta el significado de las señales.

Vale la pena repetir que el rey David reconoció que los cielos
eran la gran pizarra de Dios, cuando escribió:

Los cielos cuentan la gloria de Dios, y el firmamento anuncia la obra de sus manos. Un día emite palabra a otro día, y una noche a otra noche declara
sabiduría. No hay lenguaje, ni palabras, ni es oída su
voz. Por toda la tierra salió su voz, y hasta el extremo
del mundo sus palabras. En ellos puso tabernáculo
para el sol.

(Salmos 19.1-4)

Da en el blanco

En Texas, aprender a disparar con un rifle es como un ritual de iniciación a la vida. Mi padre me dio mi primer rifle cuando yo tenía seis años. Era un Marlin calibre 22 y yo me sentía como Wyatt Earp cuando entró en una pelea de titanes.

Mi hermano mayor, Bill y yo, solíamos largar los perros y entrar en la espesura de los bosques de pinos de Texas. Era una aventura de cacería que hacía que las hazañas de Tom Sawyer se vieran como juego de niños.

Cuando tenía trece años me invitaron a cazar venados por primera vez. Fuimos con uno de los miembros de nuestra iglesia. Cambié mi rifle calibre 22 por un 30.06 con mira cuádruple, y me preparé para mi disparo del siglo.

Papá me llevó a practicar tiro, para que conociera la diferencia entre el modesto *Pop* de mi calibre 22 y el estruendoso *Buuuummmm* del 30.06. La primera vez que disparé fue como si una mula me hubiera pateado el hombro derecho.

Lo más importante fue que aprendí a usar la mirilla del 30.06. Después de que se me adormeciera el hombro derecho de tanto disparar, y que mis oídos quedaran sordos casi como en la noche de Año Nuevo, aprendí a ver con claridad el objetivo, a cien metros.

Papá me gritó: «Ubica la cruz de la mira sobre el blanco y lentamente hala el gatillo. ¡No lo hagas de repente! Porque si no das en el blanco, de nada servirán todos tus esfuerzos».

Si te enfocas en estas próximas cuatro lunas de sangre

recordando lo que sucedió en las fechas anteriores, y si ubicas las señales de la última generación y te concentras en el concepto del año de la Shemitá, entonces verás tu objetivo con claridad y podrás halar el gatillo ¡y dar en el blanco! Recuerda lo que Jesús les dijo a sus discípulos en el monte de los Olivos:

> Así también vosotros, cuando veáis todas estas cosas, conoced que está cerca [mi venida], a las puertas. De cierto os digo, que no pasará esta generación hasta que todo esto acontezca.
>
> (MATEO 24.33-34)

Fíjate en la palabra «generación». Cuando Dios le habló a Abraham en Génesis 15, Describió una generación como cien años . Algunos interpretan que la palabra «generación» en ese pasaje significa «raza», en relación al pueblo judío.

Jesús, en su conferencia profética para sus doce discípulos, sabía que esperaban literalmente el reino de Dios en la tierra mientras ellos estuvieran vivos.

Jesús les estaba diciendo que después del engaño… después de las guerras y rumores de guerra… después de las hambrunas, las pestes, y los terremotos en distintos lugares… después de que les odiaran todas las naciones por su nombre… después de la anarquía y los falsos profetas… después de la abominación de-soladora en el monte del templo… después de que les dispersa-ran entre las naciones (año 70 D.C.), y después de que renaciera

Israel (mayo de 1948) *esa* generación vería su venida en las nubes desde el cielo. ¡Y nosotros *somos* esa generación!

SEÑALES DE LA ÚLTIMA GENERACIÓN

He hecho una lista de las señales de la última generación en algunos de mis libros[2] y vale la pena repetir algunas porque no podemos negar su existencia e importancia respecto de la próxima serie de lunas de sangre.

1. El renacimiento de Israel
2. El regreso de los judíos a su tierra
3. Jerusalén bajo control judío
4. El engaño a escala mundial
5. La resurrección del idioma hebreo
6. La explosión del conocimiento
7. El nacimiento de la guerra con armas nucleares

En los capítulos anteriores mencioné las primeras cuatro señales para la última generación; quisiera ahora hablar de las otras tres.

RESURRECCIÓN DEL IDIOMA HEBREO

En aquel tiempo devolveré yo a los pueblos pureza de labios, para que todos invoquen el nombre de Jehová, para que le sirvan de común consentimiento.

(SOFONÍAS 3.9)

El cumplimiento de esta profecía comenzó en 1881 cuando Eliezer Ben Yehuda llegó a Palestina. El hebreo no era la lengua que hablaba el pueblo judío desde los tiempos bíblicos, y durante siglos solo había servido para fines de estudio. Ben Yehuda creía que el nacionalismo judío era un objetivo doble que requería del regreso del pueblo judío a su tierra bíblica, y también el reavivamiento de la lengua hebrea hablada.

Ben Yehuda logró la casi imposible hazaña de hacer del hebreo la lengua moderna del pueblo judío, pero no llegó a ver la creación del Estado de Israel. Murió solo un mes antes de que las autoridades británicas declararan el hebreo como lengua oficial de los judíos. Su sueño del renacimiento de la nación de Israel en su propia tierra, con su propio idioma, era el cumplimiento de una profecía bíblica.[3]

La explosión del conocimiento

Pero tú, Daniel, cierra las palabras y sella el libro hasta el tiempo del fin. Muchos correrán de aquí para allá, y la ciencia se aumentará.

(Daniel 12.4)

Mis padres nacieron en una época en que la mayoría de la gente viajaba todavía en carros a caballo, como lo hacía el rey David. De hecho, la tecnología no había cambiado demasiado desde los tiempos de mis bisabuelos. No había teléfonos ni televisión, ni máquinas de fax, ni fotocopiadoras, ni computadoras. La gente se comunicaba en persona, por carta, y solo recibías un telegrama si alguien había muerto.

¡Pero los tiempos cambiaron! En las últimas décadas la tecnología ha explotado al punto de que puedes usar un teléfono móvil para hablar con quien sea en cualquier lugar del mundo, y enviar mensajes por correo electrónico, texto, Twitter y Facebook. Nos subimos a la red informática gracias a Internet, y accedemos a cualquier motor de búsqueda. Puedes ver tus programas de televisión favoritos, o la película que quieras, en dispositivos que caben en tu bolsillo. Compartimos fotos, videos y noticias ¡al instante! A diario, esta tecnología aumenta de manera exponencial. Tan solo piensa en la cantidad de veces que compraste lo último en tecnología ¡para que fuera obsoleto antes de que salieras de la tienda!

No hay duda de que somos la generación que ha vivido la explosión del conocimiento, pero ¿el mero conocimiento produce sabiduría?

El temor de Jehová es el principio de la sabiduría.

(PROVERBIOS 9.10)

EL NACIMIENTO DE LA GUERRA NUCLEAR

Y esta será la plaga con que herirá Jehová a todos los pueblos que pelearon contra Jerusalén: la carne de ellos se corromperá estando ellos sobre sus pies, y se consumirán en las cuencas sus ojos, y la lengua se les deshará en su boca. Y acontecerá en aquel día que habrá entre ellos gran pánico enviado por Jehová; y trabará cada uno de la mano de su compañero, y levantará su mano contra la mano de su compañero.

(ZACARÍAS 14.12-13)

Zacarías está describiendo los efectos del calor intenso que produce una explosión nuclear. ¿Qué avances ha logrado la humanidad en la tecnología bélica desde la época de esta profecía?

Durante once siglos, desde el año 9 D.C. en la Dinastía Tan, hasta el siglo veinte antes de la Segunda Guerra Mundial, la pólvora fue el recurso principal en la guerra, con la utilización de los explosivos. Luego nació el Proyecto Manhattan en 1939, y abrió las puertas a la era nuclear con la invención de la bomba atómica, seguida de la bomba de hidrógeno, que puede producir 800 mil grados de temperatura en una fracción de segundo. Por eso la Biblia dice que se pudre la carne del cuerpo antes de que caiga el cadáver al suelo.

El mundo recuerda todavía la devastación de Hiroshima y Nagasaki, que fueron los únicos hechos en la historia en que se usaron bombas nucleares en una guerra. En el libro de Apocalipsis, Juan nos dice que cuatro ángeles serán enviados a destruir a un tercio de la población de la tierra en un solo día. ¡Eso no era posible antes de las bombas de hidrógeno! ¡Ahora el mundo tiene suficiente potencia nuclear en manos de naciones del mundo para matar a todos los seres humanos del planeta, ¡veinte veces!

Irán, con su liderazgo religioso extremista, ha prometido compartir las armas nucleares con las organizaciones terroristas del mundo. Si Irán llega a tener poder nuclear, cuando eso suceda, la civilización occidental estará amenazada, desestabilizada. La teología extremista de Irán adora a la muerte y una bomba nuclear sería el instrumento perfecto para sus conceptos teológicos. Solo es cuestión de tiempo para que salga el genio nuclear de la lámpara y una nube en forma de hongo envuelva a la tierra.

El próximo año de Shemitá

Detallamos la importancia del año de Shemitá en el capítulo 3. Repasemos brevemente que el año de Shemitá es cada siete años, y se lo conoce como tiempo de reposo para la tierra, parecido al sábado, que cada siete días es tiempo de reposo para el ser humano. La observancia del Shemitá garantiza abundancia. El no observarlo lleva al juicio.

Cada siete años vivimos un año de Shemitá en que Dios permite que suceda algo que capta toda nuestra atención ¡estemos listos o no! Solo observa lo que ha pasado en los últimos años de Shemitá:

- El año de Shemitá de 1973: La Corte Suprema emitió la decisión en el caso Roe v. Wade, y como resultado han muerto más de 60 millones de bebés no nacidos.

- El año de Shemitá de 1980: Saddam Hussein invadió Irán, marcando el inicio de los años de la Guerra del Golfo.

- El año de Shemitá de 1987. Pudo verse una supernova a simple vista por primera vez desde 1604. Una supernova es la explosión de una estrella que ha llegado al final de su vida; este brillante punto de luz puede por poco tiempo brillar más que galaxias enteras, irradiando más energía de la que emitirá nuestro sol durante toda su vida.[4] Ese mismo año cayó la bolsa de valores de los EE.UU.

- El año de Shemitá de 1994: Yasser Arafat regresa a Medio Oriente. Hubo un terremoto inesperado en Estados Unidos, sobre la falla de Nueva Madrid, a lo largo del medio oeste de la nación y llegando a Canadá.

- El año de Shemitá de 2001: Los EE .UU. sufrieron el ataque de terroristas islámicos que mataron a casi tres mil nacionales el 11 de septiembre. Ese día se convirtió en el nuevo día de la infamia para los EE.UU.

- El año de Shemitá de 2008: Los EE.UU. sufrieron la caída del mercado de valores cuando el 29 de septiembre el mercado cayó 777 puntos en un día. Fue la caída más grande en un solo día, en toda la historia de Wall Street.

Si le sumas siete años a 2008, llegas a 2015, en que también encontrarás las últimas dos lunas de sangre de las cuatro que habrá entre 2014 y 2015. Dios lo hace todo en «el momento señalado» (Salmos 102.13).

Sabemos que solo hubo tres tétradas en los últimos 500 años con significado e importancia para Israel, que coincidieron con las fiestas judías. Y sabemos también que son las únicas tétradas que tuvieron un eclipse solar total en algún momento de la serie. La tétrada de 2014-2015 también tendrá un eclipse solar total. Sin embargo, ¿qué diferencia hay entre las anteriores tres tétradas que tuvieron importancia para Israel y la de ahora?

A diferencia de las otras, esta serie de cuatro lunas de sangre contiene un año de Shemitá que empieza el 25 de septiembre de 2014 y termina el 13 de septiembre de 2015. Lo asombroso es que este año de Shemitá comienza en el primer día del Año Nuevo Judío (fiesta de las trompetas) de 2014, y termina en la siguiente celebración del Año Nuevo Judío (fiesta de las trompetas) de 2015. Fíjate en este fenómeno:

- Es común que haya un eclipse lunar.
- Un eclipse lunar total ya es menos común.
- Es raro que haya una tétrada de cuatro lunas de sangre consecutivas (eclipses lunares totales).
- Es muy raro que haya una tétrada con un eclipse solar total dentro de la serie.
- Es muy, muy raro que haya una tétrada con eclipse solar total que sea significativa para la historia de Israel y las fiestas judías.

- Es muy, muy, *muy* raro que haya una tétrada con eclipse solar total y significado histórico para Israel y las fiestas judías, que incluya un año de Shemitá en la serie.

- ¡Es *increíblemente raro* que haya una tétrada con eclipse solar total y significado histórico para Israel y las fiestas judías, con un año de Shemitá que se corresponda con la fiesta de las trompetas (Año Nuevo Judío)!

LA FIESTA DE LAS TROMPETAS

Habla a los hijos de Israel y diles: En el mes séptimo, al primero del mes tendréis día de reposo, una conmemoración al son de trompetas, y una santa convocación. Ningún trabajo de siervos haréis; y ofreceréis ofrenda encendida a Jehová.

(LEVÍTICO 23.24-25)

Año de Shemitá

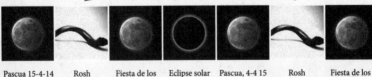

| Pascua 15-4-14 | Rosh Hashanah, fiesta de las trompetas 25-9-14 | Fiesta de los tabernáculos 8-10-14 | Eclipse solar total 20-3-15 | Pascua, 4-4 15 | Rosh Hashanah, fiesta de las trompetas, 13-9-15 | Fiesta de los tabernáculos 28-9-15 |

El Rosh Hashanah ocurre en el primero y segundo día del mes de Tisri. En hebreo, *Rosh Hashanah* significa «cabeza del año» o «primero del año». Se conoce comúnmente como Año Nuevo Judío, y es tiempo de retrospección.

El nombre *Rosh Hashanah* no aparece en la Biblia. En hebreo, más bien se lo denomina día de recordación, o día en que suena el shofar. Es la fiesta de las trompetas. Una de las observancias más importantes de esta fiesta es el sonido del shofar (un cuerno de carnero que suena como una trompeta) en la sinagoga. Algunos creen que el sonido de la trompeta es el llamado al arrepentimiento. Los servicios religiosos de esa fiesta se centran en el concepto de la soberanía de Dios.

En esa fiesta, otra de las prácticas es el Tashlikh («purificación»). Entre los que observan esta fiesta, hay quienes caminan en medio del agua, en una cascada o un río, en la tarde del primer día, vaciando sus bolsillos para simbolizar que están echando al agua sus pecados. El año de Shemitá y la fiesta de los tabernáculos comienzan en el crepúsculo del 25 de septiembre de 2014.

¡Todo esto no es una coincidencia! Es la mano de Dios que orquesta las señales de los cielos. Las últimas cuatro lunas de sangre son señales de que algo grande está por venir… algo que va a cambiar al mundo para siempre. Pero la pregunta más grande es: ¿estamos observando y escuchando?

LA LUZ DE ISRAEL

A lo largo de los siglos ha habido sabios que dedicaron sus vidas al estudio de las Sagradas Escrituras. Con fidelidad, observaron y esperaron las señales de los cielos que Dios le ha mostrado a la humanidad. Ahora, pensemos en la previsión de uno de esos hombres piadosos, el rabí Judah ben Samuel.

El rabí Judah ben Samuel (1140-1217) fue un legendario rabí alemán del siglo XII. un hombre de extremada devoción a Dios que dio una serie de profecías respecto del futuro de Jerusalén, y todas se cumplieron en la fecha exacta.

El rabí Samuel basaba sus profecías en el año del Jubileo. Según Levítico 25, el período de Jubileo dura cincuenta años y durante el año cincuenta, cada persona recuperaría la propiedad de su tierra. Se daba la libertad a todos los sirvientes y esclavos, y se perdonaban las deudas.

El Imperio Otomano (los turcos) tomó la ciudad de Jerusalén en 1517. El rabí Samuel profetizó trescientos años antes que los turcos tendrían el control de Jerusalén durante ocho Jubileos. Ocho Jubileos serían ocho por cincuenta, o exactamente cuatrocientos años. ¡Y la profecía del rabí se cumplió! El ejército británico liberó a Jerusalén del control de los turcos en 1917, al mando del General Edmund Allenby, el día de Janucá (festival de las luces). Fue el 17 de diciembre de 1917.[5]

La siguiente profecía del rabí Samuel fue esta: «Después, Jerusalén será tierra de nadie durante un Jubileo».[6] Recuerda que un Jubileo son cincuenta años.

¿Qué significa «tierra de nadie»? Precisamente esto: bajo el mandato británico los judíos tuvieron permiso para inmigrar a lo que entonces se conocía como Palestina, hoy Israel. Si bien se permitió el ingreso a una cantidad limitada de judíos, no tenían permitido gobernarse a sí mismos. Los gobernaban los ingleses, que en esa época eran favorables a los árabes.

Tal como lo había profetizado el rabí Samuel, cientos de años antes, ¡Palestina era tierra de nadie! La profecía de la «tierra de nadie» debía terminar al cabo de un Jubileo, o cincuenta años sumados a 1917, que significa 1967. El año en que Jerusalén se convirtió en el Estado de Israel y el pueblo judío se volvió a reunir por primera vez en casi mil novecientos años.

Los cálculos bíblicos (gematría) del rabí ben Samuel eran puramente teóricos. No hubo absolutamente ninguna señal de su cumplimiento al momento en que el rabí profetizó, y pasaron trescientos años desde que él murió, antes de que se cumpliera la primera profecía.

Aunque más allá de sus pronósticos por cumplirse, los estudiantes del rabí Judah ben Samuel dieron fe de que era un hombre dedicado a Dios, un modelo de abstinencia y generosidad, que esperaba la venida del Mesías con ardiente deseo. Al rabí solían llamarlo la «Luz de Israel».

Si alguien le preguntaba de dónde provenía su sabiduría, él respondía: «El profeta Elías, que precederá al Mesías, se me apareció y me reveló muchas cosas, y puso énfasis en que la condición previa a la respuesta a la oración es que la alimente el entusiasmo y el gozo por la grandeza y santidad de Dios».[7]

La isla de la libertad

Golda Meir fue primera ministro de Israel, una de sus mejores líderes. Ella dijo: «La paz llegará cuando los árabes amen a sus hijos más de lo que nos odian a nosotros». Desde que la nación de Israel se convirtió en estado en 1948, han soportado reiterados ataques y guerra. Constantemente se han enfrentado al peligro de un mundo árabe hostil que busca destruirlos.

Esta nación, que cabría dentro de las orillas del lago Michigan, y sobraría lugar, está rodeada por enemigos que la superan en cantidad y tamaño. La supervivencia de Israel desde sus inicios hasta el día de hoy, ciertamente es resultado de la Mano de Dios y del tremendo sacrificio de generaciones del pueblo judío.

La isla de la democracia en medio del mar de un mundo árabe islámico está en el centro de constantes disturbios religiosos y civiles. ¿Quiénes son los enemigos de Israel en nuestros días y qué quieren?

Los hostiles vecinos de Israel

Los enemigos de Israel pueden dividirse en dos grupos: las naciones islámicas vecinas que históricamente se le han opuesto y le han hecho la guerra en el pasado, más las organizaciones terroristas que se formaron más recientemente y que se han comprometido a destruir a Israel.

EGIPTO

Egipto fue la principal nación que luchó contra Israel en todas sus guerras del pasado (1948, 1967 y 1973). La hermandad musulmana, declarada ilegal en Egipto desde 1954, surgió como partido político bajo un nombre nuevo: Partido de la Libertad y la Justicia. Mohamed Morsi fue uno de los miembros líderes de la Hermandad Musulmana y presidente del Partido de la Libertad y la Justicia. Ganó la elección presidencial de Egipto el 30 de junio de 2012. A continuación, una cita del que fuera presidente de ese país:

O [ustedes aceptan] a los sionistas y todo lo que quieren, o habrá guerra. Es esto lo que saben los que ocupan la tierra de Palestina, esos chupasangres que atacan a los palestinos, esos hacedores de guerras, descendientes de monos y cerdos.[8]

Al momento de enviar la edición en inglés de *Cuatro lunas de sangre* a la imprenta, el presidente Morsi ha sido derrocado y arrestado, como resultado de un «golpe militar» después de que miles de ciudadanos egipcios manifestaran en las calles de el Cairo, pidiendo su renuncia.

A partir del 9 de julio de 2013, el nuevo primer ministro de Egipto es el ex Ministro de Finanzas Hazem e-Beblawi. Solo el tiempo dirá si la Hermandad Musulmana permitirá que el nuevo régimen conserve el poder.[9]

SIRIA

Siria ha sido otro de los opositores de Israel en todas sus guerras del pasado y hoy sigue siendo su enemigo. El jefe del Consejo Político de Hezbolá, Su Eminencia Ibrahim Amin Sayyed, presentó los «peligros» que enfrenta la región. El primero de ellos es la existencia de Israel.

JORDANIA

Jordania comparte la frontera más extensa con Israel, con una población musulmana suní muy numerosa. Aunque Jordania firmó un tratado de paz con Israel en 1994, el país está constantemente bajo fuego de Siria, que respalda a los militantes antiisraelíes.[10]

IRÁN

Irán es el peligro más grande que enfrenta Israel en estos tiempos. Bajo su fanático ex presidente Mahmoud Ahmadinejad, Irán avanzó a pasos agigantados en la capacidad de producir armas nucleares, al tiempo de prometer que «borraría del mapa a Israel». Irán financia y entrena a terroristas de Hamas y Hezbolá, equipándoles con armas para su uso contra Israel.

Medita en esta cita de la conferencia del 2005, titulada «Un mundo sin sionismo» que se realizó en Teherán, Irán:

Nuestro querido Imán dijo que el régimen invasor... tiene que ser borrado del mapa. Es una afirmación muy sabia. No podemos negociar en el tema de Palestina.

¿Es posible crear un nuevo frente, en el corazón de un viejo frente? Sería una derrota y quien acepte la legitimidad de este régimen [Israel] de hecho ha firmado la derrota del mundo islámico. Nuestro querido Imán apunta al corazón del opresor del mundo en sus luchas, en referencia al régimen de ocupación (Israel). No me cabe duda de que la nueva ola que ha comenzado en Palestina, y de la que somos testigos también en el mundo islámico, eliminará esta vergonzosa mancha del mundo islámico. Pero tenemos que estar alertas a las trampas.[11]

UN OBJETIVO PARA LOS TERRORISTAS

Si bien las naciones de Medio Oriente presentan la amenaza visible a la existencia de Israel, organizaciones islámicas extremistas como la OLP, Hamas, Hezbolá y Fatah son una fuerza siempre presente que incita a la lucha y el derramamiento de sangre y que da impulso a un entorno cada vez más hostil e inestable para Israel. Alimentados por el éxito percibido en su último conflicto armado con Israel, están decididos a librar una guerra final y definitiva contra Israel en el futuro cercano.

Es 1967, una vez más.

Las cuatro lunas de sangre se están poniendo el línea y se acerca del año de Shemitá. Los sabios del pasado predijeron eventos que sucedieron y que están por suceder, los enemigos de Israel vuelven a rodear la tierra del pacto, y las señales de la última generación se completan... solo queda responder una pregunta...

¿Estamos preparados?

¡Se acerca la cuarta serie de lunas de sangre! Son extremadamente poco frecuentes, incluso para los parámetros de la ciencia. Dios nos está diciendo a los gritos: «¡Algo grande está por suceder!». Pero la llegada de las cuatro lunas de sangre de 2014-2015 no significa que el rapto vaya a suceder en ese tiempo. ¿Por qué? Porque el rapto puede suceder en cualquier momento.

Lo que *sí* nos están diciendo, es que Dios se está preparando para cambiar el curso de la historia de la humanidad una vez más. Se está preparando para exhibir la próxima serie de señales en los cielos. ¿Qué es lo que va a suceder?

No se trata de la última generación, o de cuándo van a atacar los enemigos de Israel. Se trata de si estamos preparados para ir al encuentro del Señor. Y de si lo están nuestros hijos.

¡Observa! ¡Ora! Prepárate, como las cinco vírgenes sensatas que se aseguraron su existencia de aceite almacenado para sus lámparas (Mateo 25.13). La iglesia pronto abandonará el mundo. Estamos viendo señales del fin de esta era.

Jesús dijo: «Cuando estas cosas comiencen a suceder, erguíos y levantad vuestra cabeza, porque vuestra redención está cerca» (Lucas 21.28).

Estamos preparándonos para dejar este lugar. ¡Viene el Rey! Viene pronto, en poder y gran gloria y su recompensa es con él

(Isaías 40.10). ¿Te has preparado? ¿Se han preparado los de tu familia? ¡Es la pregunta más importante que vayas a responder en esta vida!

Cuando veas estas señales en los cielos, no tengas miedo. Más bien, levanta la cabeza y alégrate. ¡Grita de alegría! Tu redención se acerca. La batalla ha acabado. Pronto vestiremos un manto y una corona de vida.

Entonces habrá señales en el sol, en la luna y en las estrellas, y en la tierra angustia de las gentes, confundidas a causa del bramido del mar y de las olas; *desfalleciendo los hombres por el temor y la expectación de las cosas que sobrevendrán en la tierra*; porque las potencias de los cielos serán conmovidas. Entonces verán al Hijo del Hombre, que vendrá en una nube con poder y gran gloria. *Cuando estas cosas comiencen a suceder, erguíos y levantad vuestra cabeza, porque vuestra redención está cerca.*

(Lucas 21.25-28)

Charles Haddon Spurgeon, el gran predicador inglés del siglo XIX, no habló demasiado respecto del fin de los tiempos. Pero lo que sí dijo mostraba un notable entendimiento en cuanto a la interrelación de las cosas por venir y el regreso de Cristo según lo registra el libro de Lucas.

Lo que sigue son extractos de su sermón titulado «Gozosa anticipación del Segundo Advenimiento»:

Debo dejar este primer punto respecto de los tiempos terribles (tiempos de grandes problemas nacionales) en que se cumplirá este precepto, para recordarles que cuando venga el Señor Jesucristo los cielos nos lo dirán: «Habrá señales en el sol, la luna y las estrellas». Y ahora, hablo del NOTABLE PRECEPTO en sí mismo: «Entonces, miren hacia arriba, levanten la cabeza».

No miraremos hacia abajo porque la tierra estará sacudiéndose, pero miraremos hacia arriba porque nos elevaremos. No miraremos abajo porque se estarán abriendo las tumbas. ¿Por qué miraríamos hacia abajo?

Saldrás de la tumba y nunca más morirás. «Levanten las cabeza». Pasado será el tiempo de bajar la cabeza como lo hacen los juncos, y por cierto, habrá pasado cuando venga el Señor y se acerque nuestra redención. Por eso: «Miren hacia arriba y levanten sus cabezas». ¡Aleluya![12]

Las cuatro lunas de sangre ya están aquí... ¿estamos preparados?

Notes

Capítulo 1: Señales en los cielos

1. "Russian meteor exploded with force of 30 Hiroshima bombs," *The Telegraph*, February 16, 2013, http://www. telegraph.co.uk/science/space/9874662/Russian-meteor-exploded-with-force-of-30-Hiroshima-bombs.html.

2. "Russian Meteor: Lack of Fragments Sparks Conspiracy Theories," *The Telegraph*, February 16, 2013, http://www. telegraph.co.uk/science/space/9874790/Russian-meteor-lack-of-fragments-sparks-conspiracy-theories.html.

3. Tariq Malik, "Giant Sun Eruption Captured in NASA Video," Space.com, November 17, 2012, http://www.space. com/18533-giant-sun-eruption-nasa-video.html.

4. Michio Kaku interview with George Norry, *Coast to Coast*, November 24, 2012, http://www.amateurastronomers.net/ youtube-interviews.html.

5. Michio Kaku, "We Are Sitting Ducks for Solar Flares," Big Think, February 1, 2012, http://bigthink.com/videos/ we-are-sitting-ducks-for-solar-flares.

Capítulo 2: La estrella de oriente

1. John Phillips, *Exploring Genesis: An Expository Commentary* (Grand Rapids, MI: Kregel Publications, 2001), 38.

2. "How Hot Is the Sun?" Space.com, http://www.space.
com/17137-how-hot-is-the-sun.html.

3. Andrew Grant, "100. Sun Burn," *Discover*, January-
February 2013, 92, http://discovermagazine.com/2013/jan-
feb/100-sun-burn#.UUMrUhysiSo.

Capítulo 3: Antes del juicio, la advertencia

1. Space.com, http://www.space.com/15689-lunar-eclipses.
html.

2. Space.com, http://www.space.com/15689-solar-eclipses.
html.

3. Rabbi Moshe Pinchuk, Director of Jewish Heritage Center,
Netanya Academic College, June 2013, http://www.staff.
science.uu.nl/~gent0113/eclipse/eclipsecycles.htm.

4. http://www.timeanddate.com/calendar/roman-calendar.
html/.

5. http://www.timeanddate.com/calendar/julian-calendar.
html/.

6. http://www.timeanddate.com/calendar/gregorian-calendar.
html/.

7. Clarence Larkin, *Dispensational Truth* (Glenside, PA: Rev.
Clarence Larkin Est., 1920).

8. David Wessel, "Did the 'Great Depression' Live Up to the
Name?" *Wall Street Journal,* April 8, 2010.

Capítulo 4: La columna vertebral de la profecía

1. *The (Online) Book of Common Prayer*, "The Great Litany," http://www.bcponline.org/.
2. Flavius Josephus, *The Jewish War: Revised Edition* (New York: Penguin Classics, 1984), 1.
3. "*Tisha B'Av* [The 9th of Av]," Judaism 101, http://www.jewfaq.org/holidayd.htm.

Capítulo 6: En cuanto al rapto

1. Dietrich Bonhoeffer, cited in Eric Metaxas, *Bonhoeffer: Pastor, Martyr, Prophet, Spy* (Nashville: Thomas Nelson, 2010), back flap.
2. Arthur W. Pink, *Gleanings in Genesis* (Chicago: Moody, 1922), 5, http://books.google.com/books?id=He89UcODFyIC&pg=PA20&source=gbs_toc_r&cad=4#v=snippet&q=trinity&f=false.
3. Portions of this description can be found in John Hagee's *Can America Survive?*, updated edition (Nashville: Howard Books, 2011), 219.
4. J. Vernon McGee, *Thru the Bible* (Nashville: Thomas Nelson Publishers, 1983), vol. 4, p. 95 and vol. 5, p. 726–27.
5. McGee, *Thru the Bible*, vol. 3, p. 673.

Capítulo 7: Tierra de promesa, tierra de sufrimiento

1. Dan Senor and Saul Singe, *Startup Nation: The Story of Israel's Economic Miracles* (New York: Twelve/Hachette Book Group, 2009), 13–15.

2. Eric H. Cline, *From Eden to Exile: Unraveling Mysteries of the Bible* (Washington, DC: National Geographic Society, 2007), 43–53.

Capítulo 8: Guerras y rumores de guerras

1. "Origins of the Balfour Declaration," The Balfour Declaration, Zionism, November 2, 1917, http://www.zionism-israel.com/Balfour_Declaration_1917.htm.

2. "The Road to War: Germany: 1919–1939," AuthenticHistory.com, http://www.authentichistory.com/1930-1939/4-roadtowar/1-germany/.

3. *Daily Alert*, "Why You Shouldn't Get Too Excited about Rowhani" (June 21, 2013), http://www.dailyalert.org/rss/tagpage.php?id=45520.

4. Harry S Truman, "Why I Dropped the Bomb," cited in Margaret Truman, ed., *Where the Buck Stops: The Personal and Private Writings of Harry S Truman* (New York: Warner Books, 1989).

5. "Holocaust Evidence: Eisenhower's Proof," Awesome Stories, http://www.awesomestories.com/history/holocaust-evidence/eisenhowers-proof.

6. Stephen E. Atkins, *Holocaust Denial As an International Movement* (Westport, CT: Praeger Publishers, 2009), 216.

7. Paul Harvey, "If I Were the Devil" transcript: cited on Jackson Adams, "The Paul Harvey Excerpt That Didn't Make the Super Bowl," *The American Spectator*, February 4, 2013, http://spectator.org/blog/2013/02/04/the-paul-harvey-excerpt-that-w.

Capítulo 9: Hambruna, terremotos y anarquía

1. worldhunger.org.

2. arc.org.

3. "The Family Farm Is Being Systemically Wiped Out of Existence in America," The Economic Collapse, April 26, 2012, http://theeconomiccollapseblog.com/archives/the-family-farm-is-being-systematically-wiped-out-of-existence-in-america.

4. Ibid.

5. Department of Treasury, Federal Reserve Board, June 14, 2013.

6. Emily Miller, "Death Tax Hike to 55% Nears," Human Events, December 1, 2010, http://www.humanevents.com/2010/12/01/death-tax-hike-to-55-nears/.

7. Associated Press (February 15, 2013).

8. Examiner.com (January 11, 2013).

9. Otto W. Nuttli, *The Effects of Earthquakes in the Central United States* (Marble Hill, MO: Gutenberg-Richter Publications, 1993), 41–48.

10. "Wisconsin Battle over Union Rights Shifts to Recall Efforts, High Court Election," FoxNews.com, April 12, 2011, http://www.foxnews.com/politics/2011/04/12/wisconsin-battle-union-rights-shifts-recall-efforts-high-court-election/.

11. Michael S. Schmidt and Colin Moyhihan, "F.B.I. Counterterrorism Agents Monitored Occupy Movement, Records Show," *New York Times,* December 24, 2012, http://www.nytimes.com/2012/12/25/nyregion/occupy-movement-was-investigated-by-fbi-counterterrorism-agents-records-show.html.

12. Ibid.

13. "Florida Student Claims He Was Suspended for Refusing to 'Stomp on Jesus' in Class," Fox News Insider, March 23, 2013, http://foxnewsinsider.com/2013/03/23/students-told-to-stomp-on-jesus-at-florida-atlantic-university-by-professor-deandre-poole/.

14. Gary L. Bauer, "Liberal Inanity," Campaign for Working Families, March 5, 2013, http://www.cwfpac.com/eod/tuesday-march-5-2013.

15. Ibid.

Capítulo 10: El evangelio del Reino

1. *Coliseum and Christian Martyrs Encyclopedia,* http://www. tribunesandtriumphs.org/colosseum/colosseum-christian-martyrs.htm.

2. "Aelia Capitolina: Judaism Expelled," GoJerusalem. com, http://www.gojerusalem.com/article_520/ Aelia-Capitolina-Judaism-Expelled.

3. http://www.sacred-texts.com/jud/josephus/war-1.htm (chapter 1, section 2).

4. Tsafrir Ronen, "Hadrian's Curse—The Invention of Palestine," CrethiPlethi.com, May 22, 2010, http://www.crethiplethi.com/hadrians-curse-the-invention-of-palestine/israel/2010/.

Capítulo 12: Las cuatro lunas de sangre y las dos fiestas

1. Bill Koenig, *World Watch Daily,* Koenig International News, http://watch.org/showprint.php3?idx= 104119&mcat=24&rtn=index.html.

2. http://www.jewfaq.org/holiday5.htm.

Capítulo 13: Las cuatro lunas de sangre de 1493-1494

1. Mark Blitz, *The Feasts of the Lord*, El Shaddai Ministries (Bonney Lake, WA 98391).

2. Henry Kamen, *Spanish Inquisition* (New Haven, CT: Yale University Press, 1999), 49.

3. H. H. Ben-Sasson, ed. *A History of the Jewish People* (Cambridge, MA: Harvard University Press, 1976), 588–590.

4   *Encyclopedia Judaica*; The Spanish Inquisition Gates to Jewish Heritage.

5. Barbara Epstein, *The Minsk Ghetto 1941–1943: Jewish Resistance and Soviet Internationalism* (Berkeley, CA: University of California Press, 2008).

6   *Encyclopedia Judaica*, vol. 15 (Jerusalem: Keter, 1972), 235.

7. Ibid.

8. Joseph Telushkin, *Jewish Literacy: The Most Important Things to Know About the Jewish Religion, Its People, and Its History* (New York: William Morrow, 1991).

9. 2000–2011 Jewish-American Hall of Fame © 2012 American Numismatic Society.

10. Dagobert D. Runes, *The War Against the Jew* (New York: Philosophical Library, 2008), 171.

11. Ibid., 12.

12. Ibid., 12–13.

13. Ibid., 160.

14. Elinor and Robert Slater, *Great Moments in Jewish History* (Jerusalem: Jonathan David Publishers, 1998), 170.

15. Ibid., 170–71.

16. Hakevi, "Al-queda: The Next Goal Is to Liberate Spain from the Infidels," *Jerusalem Center for Public Affairs*, Vol 7, no. 16, Oct 11, 2007.

CAPÍTULO 14: LAS CUATRO LUNAS DE SANGRE DE 1949-1950

1. NASA Eclipse Web site, http://eclipse.gsfc.nasa.gov/eclipse. html.

2. The Jewish Virtual Library, Establishment of Israel: The Declaration of the Establishment of the State of Israel, http://www.jewishvirtuallibrary.org/jsource/biography/ Herzl.html.

3. Menachim Begin, *The Revolt: Story of the Irgun* (Jerusalem: Steimatzky Agency Ltd; 1977).

4. "The Bombing of the King David Hotel," Jewish Virtual Library, http://www.jewishvirtuallibrary.org/jsource/ History/King_David.html.

5. "British White Paper of 1939," Jewish Virtual Library, http:// www.jewishvirtuallibrary.org/jsource/History/paper39. html.

6. The Jewish Virtual Library, Establishment of Israel: The Declaration of the Establishment of the State of Israel.

7. http://www.britannica.com/EBchecked/topic/60297/ David-Ben-Gurion.

8. The Jewish Virtual Library, Establishment of Israel: The Declaration of the Establishment of the State of Israel.

Capítulo 15: Las cuatro lunas de sangre de 1967-1968

1. Isi Leibler, *The Case For Israel* (Australia: The Globe Press, 1972) 60.
2. Ibid.
3. Ibid.
4. Ibid., 18.
5. Ibid., 60.
6. Ibid., 18.
7. Chaim Herzog, *The Arab-Israeli Wars* (New York: Random House, 1982), 149.
8. Original text on pages 215–19 from R. Menachem Mendel Kasher, *The Great Era* (Torah Shelemah Institute).

Capítulo 16: Las cuatro lunas de sangre de 2014-2015

1. http://eclispe.gsfc.nasa.gov/eclipse.html.
2. John Hagee, *The Battle for Jerusalem* (Nashville: Thomas Nelson Publishers, 2001), 103–117; John Hagee, *Jerusalem Countdown* (Lake Mary, FL: Frontline, 2007), 127; John Hagee, *Can America Survive* (Nashville: Howard Books), 189–211.
3. http://www.myjewishlearning.com/culture/2/Languages/Hebrew/History_and_Centrality/Eliezer_Ben_Yehuda.shtml?p=3.

4. http://www.space.com/6638-supernova.html.

5. "Timeline 1916–1917," Timelines of History, http://timelines.ws/20thcent/1916_1917.HTML.

6. Rabbi Judah ben Samuel, "Jubilee Prophecy Gives the Year of the Messiah," Destination Yisra'el, December 2, 2012, http://destination-yisrael.biblesearchers.com/destination-yisrael/2012/12/rabbi-judah-ben-samuels-jubilee-prophecy-gives-the-year-of-the-messiah.html.

7. Mark Blitz, *The Feasts of the Lord*.

8. The Commentator, http://www.thecommentator.com/article/2360/mohammed_morsi_on_israel_these_blood_suckers_these_warmongers_the_descendants_of_apes_and_pigs#.UdGPr-2nLFU.email.

9. Fox News (with the Associated Press and Reuters contributing to this report), http://www.foxnews.com/world/2013/07/05/egyptian-islamists-to-protest-morsi-removal-amid-reports-violence-arrests/.

10. http://www.ynetnews.com/articles/0,7340,L-4369856,00.html.

11. http://www.nytimes.com/2005/10/30weekinreview/30iran.html?pagewanted=all&_r=0.

12. Charles Hadden Spurgeon, Metropolitan Tabernacles Pulpit Vol. 42, (Pilgrim Publication, 1998), 2496.

Acerca del autor

John Hagee es autor de varias obras de la lista de libros más vendidos del *New York Times*, además de *Cuenta regresiva a Jerusalén*, que supera el millón de ejemplares en ventas. Es fundador y pastor principal de Cornerstone Church en San Antonio, Texas, una iglesia no denominacional evangélica con más de veinte mil miembros activos. Además es fundador y presidente de John Hagee Ministries, que transmite sus enseñanzas por radio y televisión en todos los Estados Unidos y en cientos de naciones alrededor del mundo. También es fundador y ejecutivo de Christians United for Israel, una asociación nacional en pro de Israel con más de un millón de miembros a la fecha.

WORTHY®
Latino

Si le gustó este libro,
¿consideraría compartir el mensaje con otros?

- Mencione el libro en un post en Facebook, un update en Twitter, un pin en Pinterest, o una entrada en un blog.

- Recomiende este libro a quienes están en su grupo pequeño, club de lectura, lugar de trabajo y clases.

- Visite Facebook.com/WorthyPublishingLatino, dé "ME GUSTA" a la página, y escriba un comentario sobre lo que más le gustó.

- Escriba un Tweet en @WorthyPubLatino sobre el libro.

- Entregue un ejemplar a alguien que conozca y que sería retado y alentado por este mensaje.

- Escriba una reseña en amazon.com, bn.com, goodreads.com o cbd.com.

Puede suscribirse al boletín de noticias de Worthy Latino en WorthyLatino.com

PÁGINA EN FACEBOOK DE WORTHY LATINO

SITIO WEB DE WORTHY LATINO